Das Wie Buch

Bibliografische Information Der Deutschen Bibliothek
Die Deutsche Bibliothek verzeichnet diese Publikation in der Deutschen Nationalbibliografie;
detaillierte bibliografische Daten sind im Internet über http://dnb.ddb.de abrufbar.

Titel der Originalausgabe: *Le livre des comment*
Erschienen bei Éditions de La Martinière SA, Paris 2005

Deutsche Erstausgabe

Ein Unternehmen der La Martinière Groupe

Gestaltung: Elisabeth Ferté
Satz: satz & repro Grieb, München
Druck: Pollina, Luçon - L42116C
Printed in France

ISBN 978-3-89660-436-1

www.knesebeck-verlag.de

Das Wie Buch

Texte von
Martine Laffon und
Hortense de Chabaneix

Illustrationen von
Jacques Azam

Aus dem Französischen von
Christa Trautner-Suder

KNESEBECK

Inhalt

Wie wird man erwachsen?

Wenn ich einmal groß bin, kann ich endlich machen, was ich will! Kinder wünschen sich oft, unabhängig und selbstständig zu sein, und möchten am liebsten schon zur Welt der Erwachsenen gehören. Doch wann ist man eigentlich »groß«? Ist das wirklich nur eine Frage des Alters?

Früher gab es in allen Weltgegenden Rituale, die ein junger Mensch vollziehen musste, um in die Gesellschaft der Erwachsenen aufgenommen zu werden. Bei verschiedenen Prüfungen verabschiedeten die Jugendlichen sich von ihrer Kindheit. Dabei wurde der Tod des Kindes nachgespielt, das dann in der Welt der Erwachsenen wiedergeboren wurde.

In einigen traditionellen Kulturen, beispielsweise in Afrika, musste man vor den Dorfältesten Mut, Tapferkeit, Verantwortungsgefühl, aber auch Respekt vor den Werten der Gemeinschaft beweisen, um als Erwachsener zu gelten.

Das Alter und die Voraussetzungen, um zu den Erwachsenen zu zählen, waren je nach Land und Zeitalter unterschiedlich. In Deutschland liegt dieses Alter heute bei 18 Jahren, und man nennt es die Volljährigkeit: Ab 18 Jahren darf man zur Wahl gehen und als Staatsbürger am Leben der Gesellschaft teilhaben.

Erwachsen wird man aber nicht einfach mit einem bestimmten Alter. Dazu gehört auch, dass man Verantwortung für sich und sein Handeln übernimmt. Man tut Dinge nicht mehr aus einer Laune heraus oder weil man wütend ist. Alle Fähigkeiten und guten Eigenschaften, die ein Kind erlernt und erwirbt, helfen ihm beim Erwachsenwerden. Das geschieht aber nicht in einem bestimmten Augenblick wie durch einen Zauberspruch! Erwachsenwerden heißt nämlich, dass man immer reifer wird, und diese Entwicklung hört nie auf...

Wie bekommt man Schnupfen?

Früher dachte man, wenn man nur etwas länger friere, bekäme man gleich einen Schnupfen. So empfindlich ist unser Körper nun auch wieder nicht. Doch wenn es draußen kalt ist, gehen wir nicht so viel an die frische Luft, und in den Innenräumen wandern Krankheitskeime leicht von einem zum anderen.

Schnupfen wird meistens durch ein Virus aus der Familie der Rhinoviren ausgelöst. Dieser Krankheitserreger nistet sich in der Nasenhöhle ein, vermehrt sich dort und löst eine Entzündung aus. Deshalb läuft die Nase, und wir müssen niesen. Auf diese Weise verbreitet sich das Virus rasch über die Luft.

Husten oder gähnen, ohne die Hand vor den Mund zu halten, das benutzte Taschentuch herumliegen lassen, ausspucken ... Das alles sind schlechte Manieren, die dazu führen können, dass man Leute in seiner Umgebung ansteckt. In einigen Ländern wie Japan gehen die Menschen sehr rücksichtsvoll miteinander um: Jemand, der erkältet ist, geht nie ohne eine Schutzmaske vor Mund und Nase aus dem Haus.

Natürlich können wir die Angewohnheiten der Menschen in unserer Umgebung kaum ändern. Aber wir können uns schützen, indem wir unseren Körper widerstandsfähiger machen. Eine gesunde Ernährung liefert uns Vitamine und die Energie, die wir brauchen, um Viren bekämpfen zu können. Auch genügend Schlaf ist wichtig, denn wenn unser Körper müde ist, kann er sich nicht so gut gegen eine Krankheit verteidigen.

Schließlich solltet ihr regelmäßig das Fenster eures Zimmers, Klassenzimmers oder des anderen Raumes, in dem ihr euch gerade aufhaltet, öffnen. Bitte lüften!

Wie kommen die Ameisen in den Fuß?

Wer von euch hat schon einmal seinen Fuß in einen Ameisenhaufen gesteckt? Zugegeben – das ist eine seltsame Idee, aber irgendjemand muss es getan haben, um dann den Ausdruck Ameisen-kribbeln zu erfinden.

Natürlich sind da nicht wirklich Ameisen im Fuß. Das Kribbeln wird in Wahrheit von der Durchblutung ausgelöst. Wenn man längere Zeit mit übergeschlagenen Beinen oder in der Hocke sitzt oder ein Gelenk zu stark und zu lange abknickt, werden die Venen an dieser Stelle zusammengedrückt. Das Blut kann dann nur noch langsam durch sie hindurchfließen.

Das Herz schlägt aber immer in demselben Tempo weiter, und das Blut kommt immer mit demselben Druck in den Venen an: Es gibt also einen Blutstau. Das ist so ähnlich, als wenn ihr am Strand einen Staudamm baut, bei dem das Wasser nicht weiterfließen kann.

Wenn ihr nun die Haltung ändert, strömt mit einem Mal alles Blut, das sich angestaut hat, in die nun wieder freien Blutbahnen – und zwar mit solcher Kraft, dass die Nervenendigungen gereizt werden. Dies löst ein unangenehmes Kitzeln aus und fühlt sich an, als würden euch viele Ameisen über die Füße laufen.

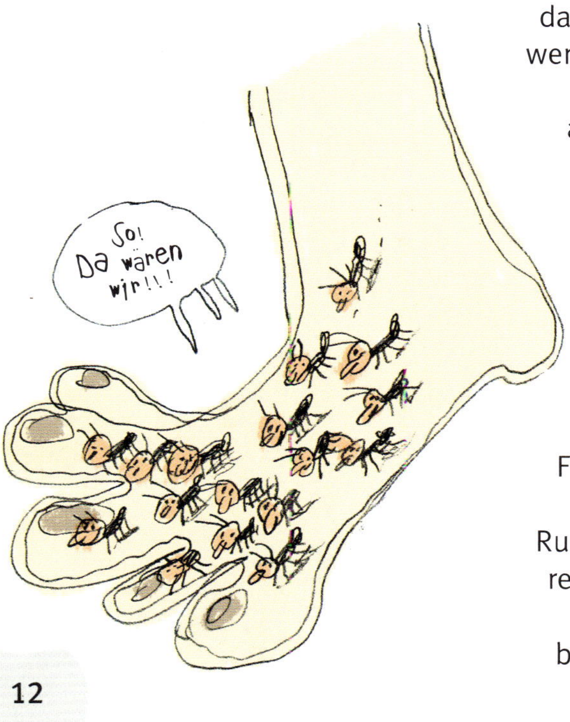

Da könnt ihr den Fuß noch so sehr massieren oder herumhüpfen wie Rumpelstilzchen – das Kribbeln reicht bis in die Zehenspitzen und dauert so lange, bis der Kreislauf sich wieder beruhigt hat.

Wie kann ein großes Schiff schwimmen?

Es ist schon seltsam, dass ein Tanker mit einem Gewicht von 50 000 Tonnen auf dem Meer schwimmt, während eine Glaskugel im Waschbecken untergeht.

Schon im Jahr 250 v. Chr. fand man in Griechenland eine Erklärung für dieses Phänomen. Damals glaubte Hieron, der König von Syrakus, ein Goldschmied habe das Gold der Königskrone mit Silber vermischt. Er beauftragte seinen Lieblingsmathematiker Archimedes, den angeblichen Betrug nachzuweisen, ohne das kostbare Stück zu beschädigen.

Beim Baden fiel Archimedes plötzlich ein, wie er das Rätsel lösen könnte. Mit dem Ruf »Heureka!« (das ist Griechisch und heißt »Ich habe es gefunden«) stieg er aus der Wanne. Er hatte beobachtet, dass sein Körper im Wasser leichter wurde, so als würde er vom Wasser »getragen«. Diese Kraft, die das Wasser auf schwimmende Körper ausübt, wird heute als Auftrieb bezeichnet.

Jeder Gegenstand verdrängt beim Eintauchen Wasser. Das Gewicht dieses verdrängten Wassers entspricht dem Gewicht, das der Gegenstand hätte, wenn er mit Wasser gefüllt wäre. Ist der Gegenstand leichter als das verdrängte Wasser, schwimmt er. Das verdrängte Wasser hat dann genügend Kraft, um ihn nach oben zu schieben. Ist der Gegenstand schwerer, geht er unter. Ein Gegenstand schwimmt, solange er weniger wiegt, als wenn er mit Wasser gefüllt wäre.

Ein mit Glas gefüllter Holzstamm ist schwerer als ein mit Wasser gefüllter Holzstamm und geht deshalb unter. Ein mit Luft gefüllter Dampfer ist leichter als ein mit Wasser gefüllter Dampfer und schwimmt. Eine Krone aus Gold und Silber wiegt weniger als eine Krone aus reinem Gold und sinkt daher weniger schnell ab. So konnte Archimedes dem König beweisen, dass er tatsächlich betrogen worden war.

Wie kann man in einer Fremdsprache denken?

Wörter bestehen aus Buchstaben und aus Klängen, aber sie tönen nicht wie leere Muscheln. Wir benutzen die Wörter, um damit Geräusche, Farben, Gerüche, Empfindungen und Gefühle auszudrücken. Die Wörter haben für uns also einen Sinn, und wenn wir etwas sagen, wird die Fantasie unserer Zuhörer angesprochen.

Es reicht nicht, Vokabeln zu lernen, um in einer anderen Sprache denken zu können. Man muss auch in dem Land leben, wo diese Sprache gesprochen wird, und seine Kultur kennenlernen. Was sagen dort die Menschen, wenn sie traurig sind oder wenn sie etwas zum Lachen bringt?

Es heißt, dass die Völker im hohen Norden mindestens 30 verschiedene Wörter für Schnee haben. Je nach seiner Farbe, seiner Beschaffenheit, dem Knirschen unter den Hufen der Rentiere und seiner Festigkeit wird er anders genannt. Die mongolischen Nomaden wiederum, die leidenschaftliche Pferdezüchter sind, verfügen zu diesem Thema über ein eindrucksvolles Vokabular.

Ab dem Tag, an dem eine Fremdsprache so vertraut geworden ist, dass man nicht mehr die Muttersprache zu Hilfe nehmen muss, um zu übersetzen, was man sagen möchte, ab diesem Tag denkt man ganz selbstverständlich in dieser ehemals fremden Sprache.

Wie kann man sich vor dem Tischdecken drücken?

Es ist merkwürdig, dass einem gerade die lästigsten Pflichten immer wieder auferlegt werden. Selbst wenn ihr behauptet, dass ihr dringend telefonieren oder etwas erledigen müsst, es nützt alles nichts: Ihr werdet die langweilige Aufgabe, den Tisch zu decken, nicht los!

Da könnt ihr lange davon träumen, nur noch belegte Brote oder alles von Papptellern zu essen. Es bleibt bloß ein Ausweg: Ihr solltet eure Einstellung ändern!

Versucht zuerst einfach, euch selbst zu überreden, auch wenn das nicht ganz ehrlich ist: Sagt euch, wie wunderbar es doch ist, ür die Familie den Tisch zu decken und sich dann gemeinsam daran zu versammeln. Oder ihr spielt das Mustersöhnchen oder die Mustertochter: Die Eltern sind müde? Da ist es doch nur normal, ihnen ein wenig zur Hand zu gehen!

Ihr könnt auch üben, rücksichtsvoll an die anderen Familienmitglieder zu denken: Das Haus steht allen offen, also soll auch jeder mitarbeiten. Das überzeugt euch alles nicht? Dann eben ein bisschen Mathematik: Vier Gabeln und vier Messer, vier Gläser und vier Teller, das macht? Rechnet aus, wie viele Gedecke da in 365 Tagen zusammenkommen!

Sollte auch dieser letzte Versuch nicht klappen, fangt einfach an zu träumen: Stellt euch vor, ihr verwendet Schalen mit Essstäbchen, ein Kohlblatt oder eine halbe Kokosnuss statt Tellern, ihr deckt auf dem Boden und bietet jedem ein Sitzkissen an. Falls ihr eher romantisch seid und nicht so abenteuerlustig, bereitet alles für ein Essen bei Kerzenlicht vor.

Während ihr in eurer Fantasie schwelgt, habt ihr den Tisch schon gedeckt, ohne viel davon zu merken! Es gibt doch nichts Schöneres, als ein wenig zu helfen …

Wie weiß man, dass man glücklich ist?

Kann man wirklich wissen, dass man glücklich ist – so sicher, wie man weiß, dass zwei mal zwei vier ist? Nein! Für das Glück gibt es keine Garantie. Glück ist ein sehr persönliches Gefühl. Man ist eins mit der Natur, man spürt, dass einen andere mögen, oder fühlt sich einfach himmlisch leicht wie eine Feder!

Muss man verliebt, reich oder mächtig sein, ein Star werden oder immer gesund bleiben, um glücklich zu sein? Schon morgen können Reichtum, Macht und Ruhm verloren sein.

Einige gescheite Leute sind der Meinung, dass wir selbst unseres Glückes Schmied sind, das heißt, dass es von uns selbst abhängt, ob wir glücklich sind. Sie finden, dass wir uns von unseren Wünschen frei machen und auf simple Vergnügungen verzichten sollten, da diese niemals das große Glück bescheren. So wird man allmählich ausgeglichen und zufrieden, und ist das nicht das echte Glück?

Andere behaupten, kein Mensch könne glücklich sein, ohne andere Menschen glücklich zu machen, denn wie soll man glücklich sein, wenn andere leiden?

So gibt es zwar viele Ansichten über »das wahre Glück«, aber kein Rezept, wie man mit Sicherheit glücklich wird. Wer immer auf die schnellen Freuden aus ist, wird das große Glück allerdings leicht verpassen.

100%
glücklich

Wie kommt das Schiff in die Flasche?

Ob es im Meer wohl winzige Männlein auf winzigen Schiffen gibt, die sich einen Spaß daraus machen, in leere Flaschen zu klettern, die wir ins Wasser werfen? Oder gibt es vielleicht Maschinen, die eine Flasche um einen Gegenstand herumbauen?

Natürlich nicht! Um ein Flaschenschiff zu bauen, sucht man sich eine ganz normale Flasche und misst ihre Höhe und Breite sowie den Durchmesser des Flaschenhalses. Dann baut man ein kleines Schiffsmodell. Den Bauplan passt man den Maßen der Flasche an.

Eine Besonderheit haben diese Modelle allerdings: Die Masten lassen sich umklappen, damit sie durch den Flaschenhals passen. Ist das Schiff in der Flasche, werden sie aufgestellt, indem man an einer Schnur zieht.

Anfang des 19. Jahrhunderts, als die ersten Fabriken entstanden, wurden auch Glasflaschen in großen Mengen produziert. Bald waren sie ganz normale Gebrauchsgegenstände, die in allen Preisklassen zu haben waren.

Da kamen Seeleute, die sich während ihrer langen Überfahrten oft langweilten, und Leuchtturmwärter auf einsamen Leuchttürmen auf die Idee, aus diesen Gefäßen eine neue Art von Schmuckkästchen zu machen. Heute gibt es überall auf der Welt tausende von Flaschenschiffbauern, die diese alte Tradition der Seeleute weiterführen.

Wie kann eine Karotte einen netten Menschen aus mir machen?

Ob ihr Karotten mögt oder nicht, jedes Mal, wenn ihr Karotten esst, erzählt man euch, dass dieses Gemüse die Wangen schön rosig macht, einen in der Nacht gut sehen lässt und dafür sorgt, dass man freundlich ist… Aber das Schlimmste ist: Das stimmt tatsächlich!

Bereits die alten Griechen und Römer verwendeten Karotten als eine Art Medizin. Damals war die hübsche orangerote Wurzel, die wir heute kennen, aber eher violett und hart wie Stein. Sie wurde trotzdem gegessen, und man stellte fest (ohne dafür wirklich eine Erklärung zu haben), dass sie die Gesundheit in vielerlei Hinsicht günstig beeinflusste.

Karl der Große, der ebenfalls von den Vorteilen der Karotte überzeugt war, riet allen Klöstern seines Reiches, in ihren Gemüsegärten Karotten zu ziehen. Und noch heute wird dringend empfohlen, Karotten oder vielmehr das Karotin, das sie enthalten, zu sich zu nehmen.

Karotin ist ein Farbstoff, der sich im Körper in das lebenswichtige Vitamin A verwandelt. Insbesondere bewirkt Vitamin A, dass die Zellen unserer Haut langsamer altern. Außerdem schützt es uns auf natürliche Weise vor den schädlichen Sonnenstrahlen.

Karotten sorgen also tatsächlich dafür, dass wir gut und gesund aussehen. Das Vitamin A hilft auch unseren Leberzellen, sich zu erholen. Leute mit Leberbeschwerden sind häufig traurig und schlecht gelaunt. Sie sollten viele Karotten essen, um ihrer Leber etwas Gutes zu tun und vor allem wieder besser gelaunt zu sein. Also, habt ihr verstanden? Wenn ihr gesund und gut gelaunt sein wollt, esst ihr am besten den ganzen Tag lang Karotten!

Wie bringt man es fertig, Insekten zu essen?

Kinder lernen von ihren Eltern, was sie essen sollen: Es gibt gute, schlechte und verbotene Lebensmittel. Vorlieben und Abneigungen werden weitergegeben und innerhalb jeder Kultur überliefert. Während wir Insekten widerlich finden, weil wir Angst vor ihnen haben, gelten sie in anderen Kulturen als Delikatesse. Dort schätzt man sie auch, weil sie wertvolles Eiweiß enthalten.

Die Geschmacksnerven von Menschen, die Insekten zubereiten und sie mit Genuss verzehren, sind eben anders erzogen worden als unsere. Für die Kinder in Burkina Faso ist ein bestimmter Wurm, der in ihrem Land jeweils ab Mai auf dem Karite-Baum lebt, ein echter Leckerbissen. Dieser Wurm wird auch als Buschland-Kaviar bezeichnet. Für seine Zubereitung gibt es viele Rezepte. Man kann ihn in Alufolie garen oder frittieren!

Feldheuschrecken, Grillen, Heuschrecken und auch Raupen werden in Asien, Afrika oder Südamerika ebenfalls sehr geschätzt.

Aber Vorsicht! Um ein Insektenesser zu werden, muss man die essbaren von den ungenießbaren Insekten unterscheiden können. In keinem Fall darf man Marienkäfer, Wanzen oder Schaben essen, denn sie sind giftig!

Wie war es möglich, ohne Kräne Burgen zu bauen?

Der Mensch hat zwar nur wenig Muskelkraft, aber eine Menge guter Ideen! Seit die Menschen Ackerbau betreiben, zähmen sie auch allerlei Tiere, die ihnen helfen können, ihre körperliche Schwäche auszugleichen. Zudem erfinden sie Maschinen, mit denen sich die Schwerkraft überwinden lässt.

Wenn sie eine Burg bauen wollten, transportierten die Menschen mit Hilfe von Körben oder Schubkarren, die von Eseln, Pferden oder Ochsen gezogen wurden, die Steinblöcke vom Steinbruch zur Baustelle. Sobald die Steine behauen waren, wurden sie nebeneinandergelegt und mit einer Mischung aus Kalk, Sand und Wasser, dem sogenannten Mörtel, zusammengefügt.

Zwischen den Steinen ließ man in regelmäßigen Abständen etwas Platz. Dort fügte man dicke Balken ein, auf die man Bretter nagelte und an denen man Rollen befestigte. Dank diesem Vorläufer unserer heutigen Baugerüste konnten die Maurer und Zimmerleute in luftiger Höhe arbeiten. Die schwereren Steine ließen sich mit einem Seil an der Rolle hinaufziehen.

War das Gebäude fertiggestellt, wurde das Gerüst zerstört, und die Arbeiter zogen auf der Suche nach einer neuen Baustelle weiter.

Während heute innerhalb eines Jahres der höchste Turm der Welt gebaut wird, dauerte es früher manchmal hundert Jahre, um eine Burg oder Kathedrale zu errichten, und mehrere Generationen von Handwerkern waren damit beschäftigt.

Wie konnte man wissen, dass Schokolade so lecker schmeckt?

Einer Legende nach soll der große Gott Quetzalcoatl die Mayas und Azteken, zwei Völker im alten Mexiko, gelehrt haben, wie man wilde Kakaobäume kultiviert und deren Bohnen verwertet.

Diese Bohnen sammelte man in einem Mörser und röstete sie. Die so entstandene Masse wurde mit Gewürzen wie Cayennepfeffer, Zimt und Anis vermischt und schließlich mit Wasser angerührt. Da Kakaobohnen von Natur aus bitter sind, fügten die Azteken diesem Gebräu noch Honig hinzu, um den Geschmack zu verfeinern.

Dieses Getränk, Xocolatl, servierte der Aztekenherrscher Montezuma dem spanischen Seefahrer und Eroberer Hernando Cortez zur Begrüßung, als dieser 1519 in Mexiko an Land ging.

Die grausame Eroberung Mexikos durch die Spanier war also nötig, damit die Europäer die Schokolade entdecken konnten! Die Spanier veränderten das Originalrezept, ersetzten den Cayennepfeffer durch Vanille und fügten Orangenblüten hinzu. Bald schon tranken sie heiße Schokolade, und schließlich ließ man die Schokolade in Tafeln fest werden, um sie leichter transportieren zu können.

Als 1615 die Tochter des spanischen Königs, Anne von Österreich, den französischen König Ludwig XIII. heiratete, kam die Schokolade an den französischen Hof. Als Arzneimittel und Leckerei wurde sie unter den Adligen schnell modern. Bald besaß jeder König seinen eigenen Schokoladenhersteller.

Heute dankt niemand mehr dem großen Quetzalcoatl für sein göttliches Geschenk, aber jeder weiß: Schokolade ist gut für Körper und Seele.

Wie schaffe ich es, keine Wutausbrüche mehr zu bekommen?

Alles fängt mit einer unwichtigen kleinen Sache an, einem falschen Wort zum Beispiel oder einer Meinungsverschiedenheit. Doch dann steigt die Anspannung immer weiter, bis sie plötzlich stärker ist als man selbst – man explodiert!

Wut entsteht häufig, wenn ihr euch ungerecht behandelt fühlt, weil ihr irgendetwas nicht bekommt. Sie ist das Ergebnis einer Enttäuschung. Wut ist ein sehr starkes Gefühl. Wenn wir wütend sind, schlägt unser Herz schneller, unser Körper schüttet eine Menge Hormone aus, und die Körpertemperatur steigt an. Ist die Wut erst einmal da, hilft es nur noch, den Kopf unter kaltes Wasser zu halten, anders lässt sie sich nicht mehr stoppen. Das ist sehr schade, denn nach eurem Wutausbruch seid ihr erschöpft und ziemlich unglücklich über seine unangenehmen Folgen.

Es ist tatsächlich schwierig, einen Wutausbruch abzuwenden, wenn man schon wütend ist. Mit etwas Übung könnt ihr aber verhindern, dass ihr überhaupt wütend werdet. Es ist gut, tief durchzuatmen. Besonders wichtig aber ist es zu reden. Wenn ihr mit etwas nicht einverstanden seid, müsst ihr nicht unbedingt Gewalt anwenden. Ihr könnt eure Ablehnung äußern und euch anhören, was der andere zu sagen hat. So beginnt ein Gespräch, und dies ist die einzige Möglichkeit, in einer Gesellschaft friedlich zusammenzuleben.

Wenn euer Vater das nächste Mal zu euch sagt, ihr sollt ins Bad gehen, und ihr gerade noch mit etwas beschäftigt seid, werdet ihr nicht antworten: »in 5 Minuten«, etwas später: »warum denn?« und euch schließlich auf dem Boden wälzen und schreien: »Du bist so gemein!« Nein, auch wenn es euch sehr, sehr schwer fällt, werdet ihr euer Spiel beenden, ihm in die Augen schauen und in aller Ruhe erklären, was ihr dazu zu sagen habt. Man weiß ja nie, vielleicht hilft es. Und wenn nicht: Ab ins Bad!

Wie reagiert man am besten auf Gewalt?

Soll man auf Gewalt mit Gewalt antworten? Die anderen angreifen, weil sie uns angreifen? Gibt es wirklich keine anderen Möglichkeiten?

»Auge um Auge macht die ganze Welt blind!«, sagte der weise Inder Mahatma Gandhi, der weder Ungerechtigkeiten noch Streit hinnehmen wollte. Er war aber der Meinung, die Konflikte in der Welt müssten mit friedlichen Mitteln bekämpft werden.

Mit Demonstrationen, Streiks, Diskussionen und indem man Ungerechtigkeiten öffentlich anprangert, kann man kämpfen, ohne Gewalt anzuwenden. Martin Luther King in den Vereinigten Staaten von Amerika und Nelson Mandela in Südafrika folgten dem Beispiel Gandhis, als sie gegen die Rassentrennung kämpften.

Gewalt, Erpressung, Diebstähle oder Überfälle müssen immer aufgedeckt und verurteilt werden. Wer zu solchen Taten schweigt, stimmt ihnen irgendwie auch zu. Zeugen von Gewalt zögern aber ebenso wie die Opfer manchmal, die Angreifer anzuzeigen, weil sie ihre Rache fürchten. In diesem Fall tut man sich am besten mit anderen zusammen. Gemeinsam fällt es leichter, den Mund aufzumachen.

Gibt es solche Vorfälle in der Schule, könnt ihr mit dem Schulleiter, dem Klassensprecher oder dem Klassenlehrer darüber sprechen. Jede Form von Gewalt, welche einen Menschen oder sein Eigentum bedroht, ist gesetzlich verboten. In schweren Fällen solltet ihr daher mit Unterstützung eines Erwachsenen bei der Polizei Anzeige erstatten.

Wie wird man ein Genie?

Ein Genie findet oder erfindet etwas so Originales, dass unser Weltbild sich dadurch verändert.

Früher waren Genies allerdings nicht so gut angesehen. Man glaubte, diese göttlichen Geister könnten trügerische Gestalten annehmen und das Schicksal der Menschen, mit denen sie zusammentrafen, verändern.

Im Lauf der Zeit veränderten sich der Glaube und die Traditionen, und Genies wurden zu Märchengestalten. Sie waren es, die den Helden alle möglichen Zauberkräfte schenkten. Heute bezeichnet man jeden als Genie, der über außergewöhnliche Fähigkeiten verfügt.

Ein Genie zu sein hat also nichts mit übernatürlichen Kräften zu tun. Es ist aber auch nicht selbstverständlich und verlangt große Anstrengungen. Ein Kind, das mit einer logischen Begabung auf die Welt kommt, aber nie rechnen lernt, kann niemals ein Mathematikgenie werden. Der berühmte Maler Picasso sagte einmal über die Genialität: »Zu einem Prozent ist es Talent, zu 99 Prozent harte Arbeit.«

Mit welchem Talent die Natur uns auch ausgestattet haben mag, man muss sich bemühen. Genialität setzt ein großes Wissen voraus. Wer nicht fleißig daran arbeitet, die nötigen Techniken zu erwerben, wird seine genialen Fähigkeiten nie entfalten können.

Die Geschichte kennt unzählige Beispiele von Menschen, die viel zur Entwicklung der Künste, der Wissenschaften oder der Philosophie beigetragen und dennoch in Armut gelebt haben. Leidenschaft und Talent zusammen mit lebenslanger Arbeit führen eben nicht immer zu Anerkennung, und die Welt ist voller verkannter Genies. Wer weiß, vielleicht gehört ihr auch dazu?

Wie erkennt man den Märchenprinzen?

»Eines Tages wird mein Märchenprinz kommen und mir seine Liebe gestehen ...« Die Bücher sind voll von schönen, reichen und mutigen Märchenprinzen – und von armen Prinzessinnen, mit denen das Schicksal es bisher nicht gut gemeint hat. Treffen beide aufeinander, entsteht die große Liebe. Nur zu gerne möchte man daran glauben ...

Diese Märchen bringen uns zum Träumen, denn sie erinnern an unsere Ängste und Wünsche. Wir fürchten uns davor, nicht mehr geliebt und geschützt zu werden, und wünschen uns ein Leben voller Anerkennung, Glück und Liebe. Aber auch wenn diese Märchen eine Gemeinsamkeit aller Menschen ansprechen, können sie uns nicht dabei helfen, glücklich zu werden Und natürlich handeln sie auch nicht von wahren Begebenheiten.

Im wirklichen Leben sollte man nicht darauf warten, dass der ideale Partner auftaucht wie der charmante Prinz in einer Geschichte.

Natürlich ist es nicht verboten, von der großen Liebe zu träumen. Aber Vorsicht: Die Wirklichkeit könnte enttäuschend sein. Verlangt man von seinem Partner, dass er den Helden spielt, von dem man schon als Kind geträumt hat, sieht man ihn nicht so, wie er wirklich ist. Das hat dann nichts mehr mit Liebe zu tun.

Es ist also besser, wenn ihr nicht darauf hofft, den Märchenprinzen zu treffen. Das wäre, als würdet ihr hinter etwas herlaufen, was es gar nicht gibt. Nehmt die Menschen, denen ihr begegnet, wie sie sind. Die Liebe kommt meist unverhofft!

Schön ist er ja, aber die Klamotten!

Wie kann ein Baby im Bauch seiner Mama atmen?

Solange ein Baby noch im Bauch seiner Mama ist, atmet es nicht so wie wir. Und obwohl es in einer Flüssigkeit schwimmt, atmet es auch nicht wie ein Fisch im Wasser.

Die Lunge des ungeborenen Babys entwickelt sich ab der sechsten Schwangerschaftswoche und ist etwa im achten Monat funktionsbereit. Im letzten Schwangerschaftsmonat bildet sich eine fettige Lösung, die verhindert, dass sich die Lunge mit Flüssigkeit füllt. Das würde ihr schaden, denn sie ist nur dafür gemacht, Luft aufzunehmen und nichts anderes.

Obwohl das Baby seine Lunge erst braucht, wenn es den Bauch seiner Mama verlassen hat, atmet es doch auch schon vorher. Die Nabelschnur, über die es mit seiner Mama verbunden ist, besitzt drei Blutgefäße. Eines transportiert Sauerstoff und alle lebenswichtigen Nährstoffe zum Baby. Die anderen beiden hingegen leiten das Kohlendioxid, das beim Atmen ausgeschieden wird, und alle anderen Abfallstoffe ab. Diesen Austausch von Sauerstoff und Kohlendioxid bezeichnet man als Atmung.

Sobald nach der Geburt die Nabelschnur durchtrennt wurde, muss das Neugeborene sich selbst mit Sauerstoff versorgen. Innerhalb weniger Sekunden entfaltet sich die Lunge, der Blutkreislauf beschleunigt sich, und der ganze Körper ist bereit, selbstständig zu leben. Ist das nicht wie ein Wunder?

Wie sind die ersten Märchen entstanden?

Die ersten Märchen sind sicher entstanden, weil sich die Menschen vor unbegreiflichen Dingen gefürchtet haben. Blitze, Unwetter, der Sonnenuntergang abends und der Sonnenaufgang morgens machen weniger Angst, wenn man sie zu erklären versucht – auch wenn die Erklärung frei erfunden ist.

Vulkanausbrüche sind weniger beunruhigend, wenn man sich einen Riesen vorstellt, der tief in der Erde verborgen haust und rülpsen muss, weil er zu viel gegessen hat. Wer in Japan lebt, wo es häufig Erdbeben gibt, stellt sich bestimmt gern vor, dass ein Riese von Insel zu Insel springt und dabei die Erschütterungen verursacht.

Märchen gibt es aber auch, weil wir Menschen alle das Bedürfnis haben, zu träumen und uns in der Fantasie eine ideale Welt ganz nach unseren Wünschen auszumalen. In der Wirklichkeit aber unterdrücken die Starken oft die Schwachen, und die Armen werden niemals reich …

Doch im Märchen ist nichts unmöglich. Aschenputtel, dieses arme Mädchen, das ständig zur Hausarbeit gezwungen wird, heiratet einen reizenden Prinzen. Der kleine Däumling wurde von seinen Eltern, die eine Hungersnot fürchteten, zusammen mit seinen Brüdern im Wald ausgesetzt. Am Ende verhilft er seiner Familie zu Reichtum, weil er den Menschenfresser austrickst. In den Märchen werden die Rollen umgedreht. Die Schwachen besiegen durch List die Starken und können als Helden endlich glücklich leben.

Deshalb geht es auch in allen Märchen der Welt um ähnliche Themen, nur schmückt jede Kultur sie anders aus.

Wie wird Feuerwerk gemacht?

In China hat man früher Bambus ins Feuer geworfen, um das gehörnte Ungeheuer »Niam« zu vertreiben, das aus dem Himmel herabgestiegen war. Der Bambus zerplatzte mit lautem Krachen. Die Funken flogen, und der böse Niam flüchtete. Dieser alte Brauch könnte das erste Feuerwerk gewesen sein.

Jedenfalls waren es die Chinesen, die aus einer Mischung von Schwefel, Kohlenstaub und Salpeter die ersten Sprengkörper entwickelten. Anfangs stellten die Armeen nach diesem Rezept Schießpulver her. Damit erschreckte man Feinde und tötete sie, lange bevor das Pulver als Feuerwerk an den europäischen Königshöfen der Unterhaltung diente.

Um ein ordentliches Feuerwerk zu veranstalten, stellt ein Pyrotechniker (so nennt man die Feuerwerker in der Fachsprache) verschiedene Raketen her. Die größten werden mit Schießpulver gefüllt und dienen dazu, die kleineren Raketen zu entzünden und in die Luft zu treiben. Die kleinen Raketen enthalten eine explosive Mischung sowie viele winzige Leuchtkugeln.

In der Luft werden die Raketen durch einen Spätzünder entzündet. Beim Explodieren setzen sie kleine bunte Lichtblitze frei.

Ob blau, gelb oder golden – die Farbe hängt davon ab, welche chemischen Stoffe mit den Pulverkörnchen vermischt wurden. Um Blau zu erzielen, muss man Kupfer oder Zink hinzufügen, für Gelb Natrium und für Gold Eisen. Die Frage ist nur, in welchem Verhältnis diese Stoffe gemischt werden müssen. Noch heute hütet jeder Feuerwerker sein persönliches Herstellungsgeheimnis …

Wie kann man es im Gefängnis aushalten?

Wenn jemand etwas sehr Schlimmes getan hat und von einem Gericht schuldig gesprochen wurde, gibt es keine andere Möglichkeit, als ihm eine Zeit lang die Freiheit zu nehmen. Es ist also üblich, Straftäter zu verurteilen und zu bestrafen, aber im Gefängnis zu leben ist sehr schwierig.

Für den Häftling schwer zu ertragen ist beispielsweise, dass er von seiner Familie getrennt ist und meist nur wenig von seinen Angehörigen erfährt. Er hat keinen Raum für sich allein, weil die Zellen oft überbelegt sind, und seine Post wird aus Sicherheitsgründen von Fremden gelesen.

Im Gefängnis läuft jeder Tag gleich ab: um 7 Uhr Frühstück, um 18 Uhr Abendessen ... und das unter ständiger Überwachung durch die Wärter, selbst nachts.

Ein Tag ist wie der andere, und so verliert der Häftling sehr schnell jedes Zeitgefühl. Die Tage sind immer mit denselben Tätigkeiten ausgefüllt: Besuch von einem Angehörigen im Sprechzimmer, Spaziergänge auf einem eingezäunten Platz, etwas Sport, ein Gang in die Bücherei, lesen oder Briefe schreiben. Manche Strafgefangenen arbeiten auch in einer Werkstatt.

Während sie sich durch solche kleinen Arbeiten etwas Geld verdienen können, um ihren Alltag ein wenig angenehmer zu gestalten (einen Fernseher mieten, die Zellenwände mit Bildern schmücken), gibt es viele andere, die mit dem absoluten Minimum, also mit fast nichts, auskommen müssen.

Wie kann ich meiner Mutter klarmachen, dass Videospiele mir nicht schaden?

Diese Aufgabe ist tatsächlich sehr schwierig, da sich die große Mehrheit der Eltern mit Videospielen gar nicht auskennt. Natürlich bekommen Eltern es mit der Angst zu tun, wenn ihr Kind von einem brutalen Helden fasziniert ist. Zerschmettert dieses Kind während seiner Wutanfälle auch noch den teuren Controller seiner Spielekonsole, ist es umso schlimmer. Da gibt es nur eins: Ihr müsst diese unwissenden Erwachsenen eines Besseren belehren.

Warum versucht ihr nicht einfach, euren Eltern das neue Spiel zu zeigen? Ihnen die Regeln zu erklären und die Personen vorzustellen mit allen Kräften und Möglichkeiten, über die sie verfügen, um an ihr Ziel zu gelangen? Kurz gesagt, den Eltern zu erklären, weshalb ihr das Spiel so genial findet?

Aber Vorsicht, übertreibt es nicht! Eure Eltern lassen sich nicht so leicht täuschen. Sie wissen natürlich genau, dass ihr eure gesamte Fantasie einsetzen werdet, um ihnen zu beweisen, wie intelligent euer Spiel ist, obwohl ihr genau wisst, dass das Gegenteil stimmt. Hört euch daher auch an, was sie zu sagen haben, und handelt genaue Zeiten aus, zu denen ihr spielen dürft.

Übrigens ist jede Übertreibung wirklich schlecht. Wer sehr viel Zeit vor dem Bildschirm verbringt, kann wie hypnotisiert sein. Er gerät in einen merkwürdigen Zustand, der ihn alles um sich herum vergessen lässt. Es wird ihm schwerfallen, nach dem Spiel in die Wirklichkeit zurückzukehren.

Warum schlagt ihr den Eltern nicht vor, einmal eine Partie mit euch zu spielen? Wenn ihr geduldig und nachsichtig seid, gewinnt ihr dabei vielleicht sogar einen guten Spielpartner, wer weiß?

Achtung, ich stelle jetzt den Strom ab!

Wie werden Kinder gemacht?

Früher haben Erwachsene auf diese Frage nicht gerne geantwortet. Sie waren der Meinung, Kinder ginge das nichts an, denn die Antwort hat mit der Liebe zwischen Mann und Frau zu tun.

Also erzählte man den Kindern allerlei Geschichten darüber, wo die kleinen Kinder herkommen. Angeblich wurden sie vom Storch gebracht, kleine Jungs wuchsen im Kohl und die kleinen Mädchen in den Rosen. Aber die Geburt eines Kindes ist eigentlich etwas ganz Natürliches.

Damit ein Kind entstehen kann, ist es, rein biologisch betrachtet, nötig, dass sich zwei ganz besondere Zellen treffen: eine männliche Samenzelle, die von den Geschlechtsorganen des künftigen Vaters produziert wird, und eine weibliche Zelle, die Eizelle, die sich in der künftigen Mama befindet.

Die Natur hat alles wunderbar organisiert: Im Körper der Frau gibt es einen Weg, auf dem die Samenzelle des Vaters bis zur Eizelle der Mutter gelangen kann. Begegnen sich diese beiden Zellen, entsteht ein winziges Ei, das im Bauch der Mama wächst und sich entwickelt, bis nach neun Monaten ein Baby geboren wird.

Wenn ein Kind geboren wird, hat das aber nicht nur eine biologische Bedeutung. Auch stimmt es eigentlich nicht, dass Kinder »gemacht« werden, wie manche Leute sagen. Es gleicht vielmehr einem großen Zufallsspiel, wenn eine einzige aus Millionen Samenzellen in eine Eizelle eindringt und daraus eine einzigartige Person entsteht.

Vielleicht sollte also die Frage besser lauten: »Wie wird Leben weitergegeben?« Wenn wir uns anders ausdrücken, können wir damit auch dazu beitragen, dass wir das Leben stärker respektieren lernen.

Wie können wir etwas über unsere Zukunft erfahren?

Seit Jahrtausenden schon möchten die Menschen über ihr zukünftiges Leben Bescheid wissen: Wird es glücklich oder unglücklich verlaufen? Schon immer wollten sie die Zukunft vorausahnen, um ihr Schicksal zu beeinflussen oder sich darauf vorzubereiten. Was erwartet uns morgen: Tod, Krankheit oder Liebe?

In allen Kulturen haben weise Menschen die Sterne, die Steine, die Muscheln und das Jenseits befragt, um die Geheimnisse der Zukunft zu lüften. Vor über 4000 Jahren sagten chinesische Wahrsager die Zukunft ihres Kaisers vorher, indem sie die Muster von Schildkrötenpanzern deuteten. Hier wie dort, damals wie heute sind solche Versuche, das Schicksal der Menschen vorauszusagen, jedoch gescheitert.

Ist es vielleicht einfacher, die Zukunft unseres Planeten vorherzusagen, um beispielsweise zu wissen, was in ein paar hundert Jahren aus ihm geworden sein wird? Zahlreiche Teams von Wissenschaftlern beobachten die Erde und versuchen, ihre Zukunft zu bestimmen. Dabei berücksichtigen sie das Klima, die Ausbreitung der Wüsten, das Verschwinden von Wäldern, Erdbeben und vieles mehr.

Aber auch in diesem Fall bleiben die Vorhersagen reine Schätzungen. Sie helfen uns zu verstehen, wie unser Planet sich entwickelt, und tragen dazu bei, Katastrophen zu verhindern. Niemand kann mit Gewissheit vorhersagen, was morgen mit der Erde sein wird, selbst wenn ihre Zukunft zum Teil davon abhängt, was wir heute tun! Es ist also eine Tatsache: Die Zukunft lässt sich nicht vorhersagen.

Wie können in der Wüste Pflanzen wachsen?

Pflanzen, die in der Wüste gedeihen, sind echte Helden! Sie schaffen es, trotz schwierigster Bedingungen zu überleben: In der Wüste herrscht große Trockenheit, tagsüber ist es sehr heiß, nachts hingegen sehr kalt. Und der Boden ist zwar reich an Salz, aber arm an Erde.

Unter den Pflanzen, welche den harten Bedingungen trotzen, sind sowohl Einjährige als auch Dauerpflanzen. Einige einjährige Pflanzen sind sehr geduldig. Ihre im Boden verborgenen Samen können drei Jahre lang warten, bis ein paar Regentropfen schließlich eine Pflanze wachsen und blühen lassen … Da versteht man gut, warum sie auch als »schlafende Samen« bezeichnet werden. Einjährige wachsen nur wenige Wochen und blühen in dieser Zeit einmal.

Dauerpflanzen breiten ihre langen Wurzeln, aus denen sich neue Triebe bilden, unter der Erde aus. So können sie der Hitze, aber auch den Sandstürmen standhalten, die hin und wieder einige ihrer Wurzeln ausreißen. Stauden blühen jedes Jahr von neuem.

Eine besondere Gruppe unter den Wüstenpflanzen sind die Sukkulenten. Ihr Pflanzengewebe saugt bereits geringste Wassermengen auf und speichert sie. Kakteen gehören zu dieser Pflanzenart. Nach einem heftigen Platzregen in der Wüste kann ein großer Kaktus mehrere Liter Wasser aufnehmen und sich für die kommenden Monate der Trockenheit eine Reserve zulegen. Wie eine kleine Wassertonne!

Wie sieht ein Maler die Welt?

Schaut man sich Porträts an, die von Malern wie Picasso, Chagall oder Paul Klee gemalt wurden, oder Landschaften von Matisse oder van Gogh, kann man sich ernsthaft fragen, ob diese Maler alle Probleme mit den Augen hatten! Oder habt ihr schon einmal eine dreieckige Nase gesehen, Köpfe, die größer sind als der ganze Körper, oder lilafarbene Bäume?

Maler tragen aber nicht häufiger eine Brille als wir. Mit ihren Kunstwerken geht es ihnen auch gar nicht darum, Gegenstände so abzubilden, wie wir alle sie sehen. Vielmehr wollen sie uns vermitteln, wie sie ganz persönlich die Dinge wahrnehmen. Zwei Maler können dieselbe Schule besucht, dieselben Lehrer gehabt und gleich viele Unterrichtsstunden absolviert haben, um ihre Maltechnik zu verbessern: Wenn beide denselben Apfel als Vorlage nehmen, werden zwei völlig verschiedene Bilder dabei herauskommen.

Jeder Mensch ist einzigartig und empfindet anders. Jeder hat seine eigene Wirklichkeit, die sich nicht nachahmen lässt. Ihr könnt das einmal an euren Geschwistern testen.

Nehmt jeder ein Blatt Papier und einen Stift und malt eure Familie. Abgesehen vom persönlichen Zeichenstil jedes Einzelnen werdet ihr sicher feststellen, dass jeder sich seine Familie anders vorstellt. Ihr malt euch selbst vielleicht größer als euren älteren Bruder, während sich eure kleine Schwester in den Vordergrund zeichnet und euch verschwinden lässt.

Genauso ist es bei einem Maler. Er bildet auf seiner Leinwand nicht nur die Wirklichkeit ab, sondern auch die Gedanken, die er sich über die Dinge und die Menschen macht.

Was bedeutet es, Erfolg im Leben zu haben?

Ihr denkt vielleicht gelegentlich, dass eure Eltern und Lehrer meinen, ihr müsstet nur gute Noten in der Schule haben, um im Leben erfolgreich zu sein. Demnach hätte derjenige mit den besten Schulnoten auch im Leben die besten Karten.

Natürlich stehen einem mehr Berufe offen, und man wird es in seiner Arbeit leichter haben, wenn man viel gelernt hat und viel kann. Aber das ist trotzdem nicht allein entscheidend.

Ob jemand im Leben erfolgreich ist, hat zum Glück nicht nur mit der Anzahl seiner Diplome oder seinem Beruf und noch viel weniger mit seinem Bankkonto zu tun. Erfolg im Leben lässt sich oft nicht vorhersehen. Außerdem muss man den Weg, den man einmal eingeschlagen hat, nicht unbedingt zu Ende gehen.

Aber was heißt es nun, ein erfolgreiches Leben zu führen? In erster Linie ist Erfolg ein sehr persönliches Gefühl: Man ist zufrieden mit seinem Leben. Erfolg heißt aber auch, dass wir uns gut mit unseren Mitmenschen verstehen. Und er hat mit den Erfahrungen zu tun, die wir gemacht haben. Deshalb geht er aus unseren Irrtümern, Zweifeln und Misserfolgen ebenso hervor wie aus unseren Überzeugungen und dem erworbenen Wissen.

Für den Erfolg im Leben muss man sich Zeit lassen. Mahatma Gandhi beispielsweise kämpfte in Indien bis zu seinem Tod gegen Rassismus und Gewalt und für die Gleichbehandlung aller Menschen. Für ihn bedeutete ein gelungenes Leben, diesen Kampf zu einem guten Ende zu bringen.

Ich bin der Größte!
Ich habe das podest repariert!
1
2
3

Wie lebt es sich mit nur einem Elternteil?

Damit ihr überhaupt geboren werden konntet, war es nötig, dass ein Mann und eine Frau, eure Eltern, sich gefunden haben. Um groß zu werden und euch zu entwickeln, braucht ihr Erwachsene, die sich liebevoll um euch kümmern, ob das nun Mutter und Vater, nur ein Elternteil oder Adoptiveltern sind.

Jedes Kind und jede Familie ist anders, und es ist ziemlich schwierig, auf diese Frage eine Antwort zu geben, die für jeden Einzelnen passt. Wer nur mit einem Elternteil lebt, hat möglicherweise schlimme Erfahrungen hinter sich. Es bedeutet aber nicht unbedingt, dass man ein Leben zu zweit führt, völlig getrennt von der Außenwelt und den anderen.

Ein Kind kann auch von seinen übrigen Verwandten oder seinen Freunden die Liebe und das Verständnis bekommen, die es zum Leben braucht.

Ein Problem, wenn man nur mit einem Elternteil lebt, ist häufig, dass man in die Rolle des Ersatzehemanns oder der Ersatzehefrau gedrängt wird. Damit ist beispielsweise gemeint, dass eine Mutter ihren Sohn vielleicht »mein kleiner Mann« nennt und ihn bei sich schlafen lässt, wenn es ihr nicht gut geht. Oder ein Vater, der die Probleme, die er als Erwachsener hat, mit seiner kleinen Tochter bespricht.

Ein Kind will aber auch umsorgt werden, möchte spielen, mit anderen Menschen zusammen sein und sollte von den Eltern erzogen werden. Jedenfalls ist es nicht dafür da, sich um Vater oder Mutter zu kümmern und diese zu trösten. Vergesst nicht: Es kann manchmal schwierig sein, zu Mama oder Papa nein zu sagen, aber es ist einfach sehr wichtig, dass ihr euer Leben als Kind leben dürft.

Wie kommen die Gedanken in unseren Kopf?

Wir wissen wenig darüber, wie sich Gedanken in unserem Gehirn bilden und wie wir es schaffen, sie verständlich auszudrücken.

Über die Frage, wie Gedanken entstehen, ist schon viel diskutiert worden. Kommen wir etwa schon mit einem kleinen Vorrat fertiger, angeborener Gedanken auf die Welt, aus dem wir dann schöpfen, um uns eine Vorstellung von der Welt zu machen?

Oder entspringen Gedanken dem, was wir sehen, hören, schmecken, fühlen oder berühren und was jeder von uns zu einem anderen Bild zusammenfügt?

Um Ideen zu haben, fantasievoll und erfinderisch zu sein, nutzen wir tatsächlich alle unsere Sinneseindrücke, aber wir setzen auch unseren Verstand ein, um all das zu ordnen, was wir wahrgenommen haben.

Neue Ideen entstehen in uns, wenn wir neugierig sind, unsere Umgebung aufmerksam betrachten, die Natur beispielsweise, oder indem wir lesen, uns mit anderen unterhalten, reisen, neue Menschen treffen oder Kunstwerke entdecken.

Je mehr Fragen wir stellen, desto mehr strengen wir unser Gehirn an. Mit vorgefertigten Antworten geben wir uns nicht zufrieden. Wir haben unsere eigenen Gedanken und Meinungen. An Ideen fehlt es eigentlich nie, höchstens an der Lust, sie in die Tat umzusetzen.

Wie singen die Wale?

Die Wale verwenden, ebenso wie alle anderen Tiere, bestimmte Signale und Zeichen, um sich verständlich zu machen: Sie schlagen mit ihren Schwanz- oder Schwimmflossen, führen unter Wasser akrobatische Figuren aus, tauchen geräuschvoll, pfeifen und singen.

Während sowohl Männchen als auch Weibchen Töne hervorbringen, um sich zu verständigen, können nur die Männchen singen. Das tun sie vor allem während der Paarungszeit, um die Weibchen zu verführen, und wenn sie im Winter gemeinsam in ein anderes Gebiet wandern.

Manche Wale können während mehr als 15 Minuten ununterbrochen Laute bilden, ohne zu atmen, unbeweglich, mit gesenktem Kopf. Was tut man nicht alles, wenn man verliebt ist! Dank der ausgesendeten Schallwellen, die das Wasser in Bewegung setzen, können die Weibchen diese Liebeserklärung noch in neun Kilometer Entfernung hören.

Jedes Jahr, wenn die Wale sich wieder treffen, beginnen die Männchen mit demselben Lied, das sie beim Abschied angestimmt haben. Aber sie fügen ihm stets eine kleine Neuerung hinzu. Alle fünf Jahre ist die Melodie dann komplett neu.

Singende Wale ermüden nicht schnell, daher kann ihr Konzert Stunden, ja sogar Tage dauern. Damit sollten selbst die anspruchsvollsten Weibchen zu überzeugen sein!

Wie kann Gott uns hören?

Hat Gott große Ohren, so ähnlich wie Satellitenschüsseln, mit denen er die Botschaften empfängt, die wir ihm schicken? Das kann man sich nur schwer vorstellen, egal, welcher Religion man angehört.

Die Menschen haben sich immer schon ihr eigenes Bild von Gott gemacht. Sie haben ihm ein Gesicht gegeben, eine menschliche Gestalt oder Gefühle, um ihn sich vorstellen zu können und ein Gespräch mit ihm zu beginnen.

Aber wie kann Gott die Menschen hören, wenn sie zu ihm sprechen? Das Wort »hören« bedeutet ja auch »zuhören« und »verstehen«. Wenn sie sagen, dass »Gott uns hört«, heißt das für alle Gläubigen, dass Gott den Menschen gegenüber nicht gleichgültig ist. Er ist immer bei ihnen, auch wenn er unsichtbar bleibt.

Die Gläubigen empfinden seine Nähe, die ihrem Leben Sinn gibt. Für sie ist diese besondere Beziehung zwischen Gott und ihnen als Menschen sehr wichtig.

Wie kann man unter Wasser einen Tunnel bohren?

Mit Spitzhacke und Schaufel! Allerdings dürfte das ziemlich lange dauern. Im Prinzip geht man genau so vor, wie wenn man einen Tunnel durch einen Berg gräbt. Der einzige Unterschied ist: Man muss sehr viel tiefer hinabsteigen, um unter den Meeresboden oder das Flussbett zu gelangen.

Um Erde und Felsen zu durchgraben, verwendet man eine Art riesigen mechanischen Maulwurf: einen Tunnelbohrer. Das ist eine große, auf Ketten montierte Walze, die an ihrem vorderen Ende einen extrem kraftvollen Propeller besitzt, der auch den härtesten Stein zermalmt. Kleine Wagen an den Seiten dienen als Pfoten und transportieren den Schutt ab. Die Tunnelwände werden mit Beton oder Metallgittern ausgekleidet, damit es keinen Bergsturz gibt.

Eine Tunnelbohrmaschine kommt pro Tag 80 Meter voran. Das ist sehr viel! Aber ein Maulwurf, der gerade einmal 100 Gramm auf die Waage bringt, schafft pro Tag bis zu 20 Meter! Das ist verglichen mit seiner Größe eine noch tollere Leistung!

Heute befindet sich der größte Unterwassertunnel unter dem Ärmelkanal. Er heißt Eurotunnel, ist etwas länger als 50 Kilometer und verbindet Frankreich und Großbritannien. Die Durchfahrt mit dem Zug dauert 35 Minuten bei einer Geschwindigkeit von 130 bis 140 Kilometern pro Stunde.

Zu früh aufgetaucht!
Mist!

Wie wurden Farben hergestellt, bevor es Tubenfarben gab?

Vermutlich malten die Menschen bereits vor 40 000 Jahren, während sie erst seit 3000 Jahren schreiben können. Die Malerei ist für den Menschen also eine wichtige Möglichkeit, sich auszudrücken, seine Umwelt darzustellen und sie zu begreifen.

Bereits in der Steinzeit verstanden es die Menschen, verschiedenfarbige Tonerde, Knochenasche und Pflanzenfarbstoffe mit Wasser oder Fett zu vermischen, um damit die Felswände ihrer Höhlen farbig zu bemalen. Noch heute kann man diese Felsmalereien überall auf der Welt bewundern.

Im Lauf der Zeit suchten die verschiedenen Zivilisationen bewusst nach besonders schönen Farben, um damit ihren Göttern zu gefallen. Sie zerrieben Erde, um Braun, Rot und Gelb zu erhalten. Mineralien ergaben Grün und Blau, Kreide oder Ton die Farbe Weiß, und selbst Schalentiere wurden zu Farben verarbeitet wie dem Purpur, einem dunklen Rot.

Maler haben so wie die Köche ihre eigenen Rezepturen für Farben, mit denen sie ihre Farbpalette bereichern. Den wertvollen Staub, den sie aus zerriebener Erde gewinnen, verrühren sie entweder pur oder vermischt und eventuell zuvor erwärmt mit Wasser, Fett, Eiweiß oder Öl.

Während noch heute manche Maler ihre Farben in Handarbeit selber anrühren, werden inzwischen alle Farbtöne des Regenbogens auch chemisch in Fabriken produziert. Das soll euch aber nicht daran hindern, selbst zu experimentieren und eure eigenen Farben herzustellen.

Wie kann jemand verrückt werden?

Die Begriffe »verrückt« und »Wahnsinn« werden von uns oft im Alltag verwendet. Wir verstehen darunter alles, was irgendwie ungewöhnlich oder unvernünftig ist. Für den Fachmann ist der Wahnsinn jedoch eine sehr viel ernstere Sache. Er beginnt damit, dass jemand den Anschluss an die Gesellschaft verliert und nicht mehr in ihr leben kann, weil er bewusst oder unbewusst spürt, dass er nicht mehr dazugehört.

Das Verrücktwerden zieht man sich nicht zu wie eine Grippe, mit der man sich angesteckt hat. Es ist eine schwere Geisteskrankheit, die mehrere Ursachen haben kann.

Zum Beispiel gibt es eine biologische Ursache: Unser Gehirn ist ein äußerst kompliziertes Organ. Dank einem riesigen Netz miteinander verknüpfter Zellen kann es alle möglichen Informationen verarbeiten. Doch manchmal funktionieren bestimmte Verbindungen plötzlich nicht mehr oder werden gestört. Der betroffene Mensch verhält sich dann ganz anders als zuvor, was für ihn und andere gefährlich werden kann.

Es kommt auch vor, dass jemand unter seinen ungünstigen Lebensumständen oder seinen Mitmenschen leidet und sich von diesen abschottet. Dann spricht man davon, dass der Ursprung seiner Krankheit psychisch ist.

Heute unterscheidet man zahlreiche mehr oder weniger schwere psychische Krankheiten wie beispielsweise Depressionen, Schizophrenie oder Narkolepsie (eine Schlafstörung). Einige davon sind heilbar, andere nicht. Es gibt aber Medikamente, die helfen können, und die Ärzte und Therapeuten versuchen das Leiden der Patienten zu lindern, indem sie Gespräche mit ihnen führen.

Es ist also falsch, alle ausgefallenen Verhaltensweisen als Wahnsinn zu bezeichnen, und es ist wichtig, zwischen Originalität und Krankheit zu unterscheiden.

Wie kann man etwas Unsichtbares entdecken?

Sicher hat man euch schon oft gesagt, ihr sollt eure Nase nicht in alles hineinstecken, wenn ihr in einer Tasche gewühlt oder durch ein Schlüsselloch geguckt habt. Das ist zwar richtig, aber wo wären wir heute ohne die Neugier?

Einer musste in der Erde wühlen, um die Kartoffel zu entdecken, ein anderer musste die Lupe und das Mikroskop erfinden, damit wir immer kleinere Dinge sehen können, und in einer Rakete ins All fliegen, um ein Stückchen Mondgestein mitzubringen. Schon immer haben die Menschen versucht zu ergründen, was sich hinter dem Sichtbaren verbirgt – sei es, um neue Gebiete zu erobern oder um sich selbst und die Welt besser zu verstehen.

Anfangs benutzten die Menschen ihre Fantasie und erfanden alle möglichen Götter und unsichtbaren Geister, um den Tod, Krankheiten oder das Wetter zu erklären. Aber nicht alle Leute wollten sich mit diesen ausgefallenen Erklärungen zufrieden geben.

Wenn etwas Neues entdeckt wird, geschieht das oft aus einer Unzufriedenheit heraus. Jemand stellt das aktuelle Wissen in Frage, es ergeben sich neue Fragen, und man findet ganz neue Erklärungen.

Um zu beweisen, dass man zu Recht zweifelt, stellt man eine neue Theorie auf. Diese muss mehrmals überprüft werden, bis eine Erkenntnis daraus werden kann, die eines Tages vielleicht selbst wieder umgestoßen wird. Früher glaubte man, ein böser Geist sei daran schuld, dass Menschen sterben. Und man dachte auch, die Erde sei flach …

Die herrschende Ordnung wird durch wichtige Entdeckungen immer schwer erschüttert. So weiß die Geschichte von vielen Entdeckern zu berichten, die zu Lebzeiten geradezu verhasst waren. Ihnen, ihren Experimenten und auch Irrtümern aber verdanken wir es, dass wir uns ständig weiterentwickeln.

Wie kommen die Streifen in die Zahnpasta?

Ob sie nun rot, grün oder blau sind, meist haben die Streifen in der Zahnpasta keinen weiteren Nutzen, als die Paste hübscher aussehen zu lassen und sie der Lieblingsfarbe der Kunden anzupassen. So sind die verschiedenen Marken nämlich besser verkäuflich. Aber wie kommen diese Streifen in die Zahnpasta?

Mit Zauberei hat das nichts zu tun, es ist nur ein Trick, auf den einfach erst jemand kommen musste. Die engste Stelle der Tube, wo der Deckel aufgeschraubt wird, ist eine Art Tunnel, der einige Millimeter in die Tube führt und mit so vielen Löchern durchbohrt wird, wie Streifen in die Zahnpasta kommen sollen. Die Tube wird auf dem Kopf stehend an der breitesten Stelle gefüllt. Zuerst wird die farbige Zahnpasta hineingepresst, sie befindet sich dann rundherum um die enge Stelle an der Tubenspitze, dann wird mit weißer Zahnpasta aufgefüllt.

Drückt man nun auf die Tube, schiebt die weiße Zahnpasta die farbige Zahnpasta durch die Löcher in der engen Stelle nach vorne. Dadurch legen sich dünne farbige Streifen auf die weiße Zahnpasta – fertig.

Damit ihr euch das noch besser vorstellen könnt, experimentiert einmal mit einer Zahnpastatube: Schneidet sie einfach der Länge nach auf – ihr werdet euren Spaß haben!

Wie hat man herausgefunden, dass die Erde rund ist?

Die Menschen haben sich die Erde in fast allen denkbaren Formen vorgestellt, bevor sie vollständig erforscht war: als eine Scheibe, die auf dem Meer schwimmt, als Ei, Birne oder Tannenzapfen, aber auch als dickbauchigen Zylinder.

Im alten Griechenland hatten einige Gelehrte bereits verkündet, die Erde sei rund, aber niemand hatte ihnen geglaubt. Diese Wissenschaftler hatten festgestellt, dass bestimmte Sternbilder am Himmel verschwanden und andere auftauchten, wenn man von Norden nach Süden reist.

Viele Jahrhunderte später wollte man das überprüfen und versuchte, die Erde zu umrunden. Am 20. September 1519 startete Fernando Magellan von Spanien aus eine Expedition, die endlich Klarheit bringen sollte: Magellans Schiffe reisten von West nach Ost und erreichten drei Jahre später wieder ihren Ausgangshafen, ohne auf halber Strecke umgekehrt zu sein.

Somit hatten sie den Globus erstmals umkreist und dabei bewiesen, dass die Erde rund ist. Davor hatte man geglaubt, der Mensch stehe im Zentrum des Universums, und hatte ihn sich in der Mitte einer flachen Erde vorgestellt, umgeben vom Ozean. Man kann sich eben einfach alles ausmalen, solange es nicht überprüft wird!

Wie kann ich sicher sein, dass ich jemanden wirklich liebe?

Dein Herz schlägt schneller, sobald du ihre oder seine Stimme hörst. Du wirst rot, wenn er oder sie dich anschaut. Du fängst an zu stottern, obwohl du dir so schöne Worte zurechtgelegt hattest... Diese Anzeichen sprechen dafür, dass du dich verliebt hast. Aber kann man auch behaupten, dass es sich um Liebe handelt, um die wahre und große Liebe, die ein ganzes Leben lang anhalten wird?

Verliebt sein und lieben sind nicht dasselbe. Die Verliebtheit ist ein heftiges Verlangen, das oft ganz plötzlich entsteht. Wir kennen jemanden nur flüchtig, und doch werden in uns sehr starke Gefühle geweckt. Wir träumen und stellen uns vor, wie wunderbar wir uns an der Seite des anderen Menschen fühlen würden. Dabei denken wir vielleicht gar nicht daran, was der andere fühlt.

Liebe ist etwas völlig anderes. Liebe braucht Zeit, um zu entstehen, und man muss den geliebten Menschen sehr gut kennen. Auch hier gibt es natürlich Träume, aber man träumt sie zu zweit. Sie bringen zwei Menschen auf ihrem gemeinsamen Weg voran. Man liebt, man wird geliebt und kann sich das Leben ohne den anderen kaum noch vorstellen.

Aber auch wenn man jemanden von ganzem Herzen liebt und von ihm ebenfalls geliebt wird, muss das nicht heißen, dass diese Gefühle immer bei beiden anhalten werden. Das Schöne an der Liebe ist eben, dass man sich ihrer nie ganz sicher sein kann. Deshalb sollte man sehr sorgfältig mit der Liebe umgehen.

Wie wurden die Museen erfunden?

Schon immer haben die Menschen Erinnerungsstücke aufgehoben. Kinder sammeln ihre Schätze in einer Kiste und verstecken sie unter ihrem Bett. Die Erwachsenen legen Sammlungen an, und die Länder gründen Museen.

In Steinzeithöhlen hat man Knochen gefunden, die zu Skulpturen geformt waren, sowie Steine und Muschelschalen. Auch die Ägypter häuften wertvolle Gegenstände an, um sie ins Jenseits mitzunehmen und sich ihr Leben dort zu verschönern.

Von der Antike bis zum Mittelalter sammelten die Fürsten und Mönche der verschiedenen Kulturen in der Umgebung der Tempel und Kirchen viele Kunstwerke an, damit die Öffentlichkeit sie bewundern konnte.

Ab dem 16. Jahrhundert gingen die wichtigen italienischen Familien allen europäischen Adelshöfen mit gutem Beispiel voran und legten Sammlungen seltener Objekte an. Damit ermutigten sie die Künstler ihrer Epoche, Werke zu erschaffen. Von Museen war aber noch keine Rede. Es handelte sich um Privatsammlungen.

Irgendwann begann man, die gesammelten Objekte und Kunstwerke zu ordnen, wobei man sie je nach ihrer Kunstgattung oder der Entstehungszeit gruppierte. Man stellte ihnen die großen Gänge in den Palästen zur Verfügung, die sogenannten Galerien. Sorgfältig ausgewählte Künstler und Studenten wurden eingeladen, sie zu bewundern. In Frankreich gingen diese Gebäude und Sammlungen während der Französischen Revolution in Staatsbesitz über und wurden für jedermann geöffnet. Die ersten Museen waren geboren.

So, das hätten wir!

Wie kommt es, dass eine Woche sieben Tage hat?

Der Mensch musste eine Möglichkeit finden, die Zeit einzuteilen. Diese Einteilung sollte helfen, das Arbeitsleben zu organisieren, und musste Rücksicht auf die Jahreszeiten nehmen. Und weil er ein guter Beobachter war, erfand der Mensch den Kalender.

Der Mond wandert in ungefähr 28 Tagen einmal um die Erde und zeigt sich in diesem Zeitraum in seinen vier verschiedenen Phasen: Neumond, zunehmender Halbmond, Vollmond und abnehmender Halbmond. Teilt man die 28 Tage durch diese vier Phasen, erhält man einen Zeitraum von sieben Tagen: unsere Woche.

Die Chaldäer, die fast 1000 Jahre vor Christi Geburt lebten, waren die Ersten, die diese Einteilung auf ihren Alltag anwendeten.

Später gaben die Hebräer dieser Einteilung zusätzlich eine religiöse Bedeutung. Sie stützten sich auf den Text der Bibel, wonach Gott sechs Tage gebraucht habe, um die Welt zu erschaffen, und am siebten Tag geruht habe. In der jüdischen Tradition ist dieser siebte Tag der Sabbat.

Die Woche, wie wir sie kennen, wurde in Rom unter Kaiser Augustus endgültig festgelegt. In der deutschen Sprache heißt der Montag nach dem Mond und der Dienstag nach dem germanischen Gott Tiu. Der Mittwoch wurde als mittlerer Tag der Woche bezeichnet. Dem Donnerstag gab der germanische Gott Donar den Namen, dem Freitag die germanische Göttin Freyja. Die deutsche Bezeichnung für den Samstag stammt vom griechischen Wort für Sabbat, und der Sonntag wurde von Sonne abgeleitet.

Im Jahr 303 wurde die christliche Religion dann offiziell anerkannt. Seither gilt der Sonntag auch als »Tag des Herrn«, an dem man ruhen und nicht arbeiten soll.

Wie gerecht ist die Rechtsprechung?

Gerechtigkeit bedeutet, dass alle Menschen grundsätzlich die gleichen Rechte haben. Die Rechtsprechung, die auch Justiz genannt wird, hat die Aufgabe, Gerechtigkeit herzustellen. Sie entscheidet Streitigkeiten zwischen den Menschen und lässt jeden zu seinem Recht kommen. Doch gibt es wirklich Gerechtigkeit? Besteht nicht die Gefahr, dass die Richter in ihrer Meinung beeinflusst werden, sei es durch die Opfer, durch Berichte in den Medien oder durch ihre persönlichen Ansichten?

Die Justiz ist eine staatliche Behörde, aber die Richter, die dort Urteile fällen, sind nicht vom Staat abhängig. Sie entscheiden nach ihrem Wissen und Gewissen, nachdem sie die Beteiligten zu den Tatsachen und Taten befragt haben, und prüfen gründlich, ob die Angeklagten wirklich schuldig sind. Sie beugen sich keinem Druck von außen. Die Regierung kann sie nicht beeinflussen.

Wenn sich die Richter einmal täuschen, spricht man von einem Justizirrtum, was aber sehr selten vorkommt. Man kann der Justiz also vertrauen, sie sorgt für den Schutz der Grundrechte jedes Menschen. Dazu gehören das Recht auf Freiheit, auf Leben und Sicherheit, das Recht, sein Land zu verlassen und wieder zurückzukommen (man nennt das die Freizügigkeit), das Versammlungsrecht und die Religionsfreiheit, die Meinungsfreiheit, das Recht auf Information und auf Erholung ...

In Staaten, in denen die Regierung die Justiz kontrolliert, kommt es allerdings vor, dass die Justiz nicht unabhängig ist, sondern so handeln und entscheiden muss, wie die Regierenden es wollen. Diese Justiz ist nicht gerecht. Sie leugnet die Grundrechte jedes Einzelnen, statt sie zu schützen.

Wie kann ich meiner Familie klarmachen, dass mein Zimmer mir gehört?

»Eintritt verboten!« Das steht doch groß und deutlich an der Tür!!! Aber es nützt nichts, ich habe keinen Platz, an dem ich völlig ungestört bin, wo alles herumliegen darf, von den Socken über Apfelbutzen, Joghurtbecher, Fotos, Bücher und CDs bis zu meiner Geheimschublade, in der meine eigene Ordnung herrschen darf.

Seit Jahrtausenden ziehen die Menschen eine Grenze zwischen der Außenwelt und der Innenwelt, dem Draußen und Drinnen, der Öffentlichkeit und der Privatsphäre. In allen Gesellschaften gibt es auch spezielle Regeln, wie und wann man ein Zimmer betreten darf. Es ist also ganz natürlich, dass wir einen Raum für uns ganz allein, ein eigenes kleines Reich, haben wollen.

Während sich in unseren westlichen Ländern jeder einen solchen persönlichen Bereich wünscht, gilt dies für andere Gesellschaften nicht unbedingt. Dort leben alle zusammen in einem einzigen Zimmer. Welchen Platz der Einzelne zugewiesen bekommt, hängt von seiner Rolle in der Familie ab. Doch auch wenn jede Kultur ihre eigenen Vorstellungen von der Privatsphäre hat, ist es für jeden Menschen wichtig, dass er sich ab und zu zurückziehen kann.

Ihr wünscht euch, dass man sich von eurem Zimmer fernhält? Das ist ganz normal. Schließlich ist es euer Freiraum, in den ihr flüchtet, wenn ihr allein sein wollt. Niemand sollte daher in eurem Schrank, in euren Schubladen oder Verstecken herumstöbern, wenn ihr nicht da seid.

Es ist wichtig, dass Eltern, Kinder und Geschwister einander vertrauen. Das heißt, dass auch ihr begreifen müsst, dass die Zimmer der anderen deren Privatsphäre sind!

Wie nehmen uns die Vögel vom Himmel aus wahr?

Als große, gefährliche und ungenießbare Zweibeiner! Aber mal im Ernst, die Vögel sehen uns von dort oben genauso deutlich und groß, wie wir sie sehen, wenn wir durch ein Fernglas schauen.

Es ist für sie kein Problem, aus dieser Höhe etwas zu erkennen: Sie haben in ihren Augen mehr Sehzellen pro Quadratmillimeter als wir Menschen und sehen daher achtmal besser. Einige Vogelarten haben sogar ein Sehfeld von 360 Grad, das heißt, sie haben alles vor, neben und hinter sich im Blick!

Auch die Vögel können Farben unterscheiden. Diese erscheinen ihnen sogar kräftiger als uns. Vögel können nämlich auch die ultravioletten Strahlen des Sonnenlichts wahrnehmen, die für unser Auge unsichtbar sind.

Diese Weltmeister im Sehen können Entfernungen viel besser abschätzen als wir, und sie können auch einer Gefahr viel rascher ausweichen (einem Hindernis zum Beispiel oder einem Raubvogel). Aber haben sie denn gar keinen Nachteil? Doch! Sie scheinen sich alle vor der Farbe Blau zu fürchten. Das mag uns ein wenig über unsere eingeschränkte Sicht hinwegtrösten ...

Wie können wir sicher sein, nicht zu träumen?

Ist unser Leben vielleicht nur ein Traum, eine Einbildung? Sind wir Romanfiguren wie Alice im Wunderland oder Pinocchio? Hat uns also ein Schriftsteller oder ein Superhirn erfunden? In diesem Fall wären wir sicher nicht so sehr davon überzeugt, dass es uns wirklich gibt.

Wenn wir schlafen, vermischen sich Traum und Wirklichkeit oft perfekt. Die Gesichter, denen wir im Traum begegnen, die Abenteuer, die wir erleben, und die Gefühle, die wir empfinden, erscheinen uns, als wären sie echt.

Vor sehr langer Zeit bekannte ein alter weiser Chinese namens Dschuang Dschou: »Ich träumte, dass ich ein Schmetterling sei, und beim Erwachen fragte ich mich, ob ich nicht wirklich und wahrhaftig ein Schmetterling sei, der träumte, er sei Dschuang Dschou.« Kann man Traum und Wirklichkeit so leicht verwechseln?

Je größer wir werden, desto besser bildet sich unser Gehirn aus: Es lernt allmählich, die Wirklichkeit vom Traum zu unterscheiden. Sind wir dann erwachsen geworden, passiert es uns nicht mehr, dass wir beides verwechseln.

In unseren Träumen haben wir alle unsere eigene Welt, so als würde jede Nacht ein anderer Film in uns ablaufen. In der Wirklichkeit hingegen nehmen wir stets dieselben Dinge wahr wie unsere Mitmenschen: die Welt mit ihren Landschaften und Städten. Diese gemeinsame Wahrnehmung verändert sich nicht. Während ich mir alles Mögliche zusammenträumen kann, bleibt die Wirklichkeit immer gleich, und beim Erwachen finde ich alles wieder so vor wie am Vorabend.

An die Tafel!
Das träume ich hoffentlich nur ...

Wie schlafen Fische?

Ja, wie schlafen eigentlich die Fische, wenn sie zu müde sind, um zu schwimmen? Unter einer Daunendecke? Auf einem Algenbett? In einer Muschelschale? Das werdet ihr gleich erfahren.

Schlafen Fische überhaupt, oder tun sie nur so? Eigentlich denkt man, sie schauen uns aus ihren offenen Augen ständig an. Sie haben nämlich keine Augenlider, nur einen durchsichtigen Schleier, eine Art kleine Tauchermaske.

Wenn ihr sie fast unbeweglich im Wasser stehen seht, wie sie sich von der Strömung treiben lassen, halten sie sicher gerade ein kleines Nickerchen. Also: Bitte nicht stören!

Wie sage ich am besten, was ich denke?

Häufig fehlt uns der Mut, uns in ein Gespräch einzuschalten. Wir fürchten, etwas Dummes zu sagen oder nicht die richtigen Worte zu finden, also halten wir lieber den Mund. Die anderen glauben dann vielleicht, dass uns die Unterhaltung nicht interessiert.

Aber warum sollen wir eigentlich schweigen, wenn uns etwas stört? Wenn wir sagen, was wir denken, kann es tatsächlich sein, dass man über uns urteilt, uns widerspricht, vielleicht sogar beleidigt. Aber wir haben nur so die Möglichkeit, uns mitzuteilen und auszudrücken, was uns wichtig ist. Diese Beteiligung ermöglicht erst ein Gespräch.

Wenn wir Angst davor haben, das Wort zu ergreifen, ist es am besten, zuerst nachzudenken und dann zu sprechen. So kann man sicher sein, dass man einen klaren Gedanken äußert. Man kann auch tief atmen, um ruhig zu sprechen. Seine Meinung verteidigt man dann mit zwei oder drei einfachen und überzeugenden Sätzen.

Und Vorsicht: Worte können eine fürchterliche Waffe sein. Man sollte immer erst überlegen, bevor man spricht, und die Folgen abschätzen, um niemanden zu verletzen. Man sollte seine Meinung nicht sagen, um anderen wehzutun, sondern im Gegenteil, um sie zu respektieren.

Bloß kein eingebildetes Getue, keine lauten Schreie oder schlagenden Türen! Ihr steht nicht auf einer Bühne. Was ihr sagt, soll nicht dazu dienen, euer Publikum zu beeindrucken. Man muss lernen, die Meinung und die Kritik anderer zu akzeptieren, ohne deswegen die eigene Meinung aufzugeben, wenn sie uns richtig und begründet erscheint.

Wie wurde die Musik erfunden?

Zahlreiche Legenden erklären, dass die Musik entstanden ist, weil die Götter manchmal selbst musizierten. Der griechische Gott Apollo spielte die Lyra, während der indische Gott Sri Krishna die Flöte bevorzugte ... Diese Gottheiten waren großherzig, aber auch eigennützig, denn sie haben ihre Fertigkeiten an die Menschen weitergegeben, damit diese für sie spielen konnten.

Andere halten die Musik, wie der Name schon sagt, für ein Geschenk der Musen. Diese griechischen Göttinnen sollen uns in die Tonkunst, aber auch in die Dichtkunst und den Tanz eingeführt haben. Indem wir musizieren, verehren wir die Musen. Und religiöse Musik ist eine Verbindung zwischen der Welt der Menschen und der Welt der Götter.

Lassen wir einmal die Legenden beiseite. Eines ist nämlich sicher: Die ersten Menschen haben gemerkt, dass sie unterschiedliche Klänge und Töne hervorbringen konnten, wenn sie auf eine Muschelschale, einen Stein, ein Bambusholz oder eine gespannte Tierhaut schlugen. Nachdem sie festgestellt hatten, wie viel Vergnügen ihnen das bereitete und wie die Töne auf ihre Umwelt wirkten, erzeugten sie die Klänge immer wieder und stimmten sie aufeinander ab.

Aber es waren viele Versuche nötig, bis sie schließlich ein Instrument entwickelt hatten, das die Geräusch des Windes, des Wassers oder den Gesang der Vögel nachahmen konnte. Die ägyptische Harfe beispielsweise ist erst 5000 Jahre alt.

Wie werde ich von einer Gruppe akzeptiert?

Wir fühlen uns sicher und anerkannt, wenn wir zu einer Gruppe gehören. Aber Vorsicht: Es besteht die Gefahr, dass wir unsere Freiheit verlieren, abhängig werden und unsere Eigenständigkeit aufgeben. Mitglieder einer Gruppe neigen nämlich dazu, sich einander anzugleichen und Unterschiede, Fremdes oder Veränderungen abzulehnen.

Wer um jeden Preis in eine bereits bestehende Gruppe aufgenommen werden möchte, hat sich etwas Großes vorgenommen. Bevor er sein Glück probiert, sollte er darüber nachdenken, was diese Gruppe ausmacht und zusammenhält und warum er selbst dazugehören will.

Um in eine Gruppe aufgenommen zu werden, muss man meist einige Prüfungen bestehen, was nicht immer einfach ist. Die Angst, abgelehnt zu werden, und mangelndes Selbstvertrauen sind dabei hinderlich, denn sie geben ein schlechtes Bild von einem ab.

Am offensten sind die Gruppen, in denen man zusammen spielt, Sport treibt oder Kunst ausübt. Ein solches Team verfolgt ein gemeinsames Ziel, es möchte gewinnen, etwas in die Tat umsetzen oder ein Kunstwerk erschaffen. Jedes Mitglied dieses Teams wird für das geschätzt, was es dazu beiträgt, das gesteckte Ziel zu erreichen.

Also solltet ihr eure Schüchternheit überwinden und den anderen zeigen, was sie an euch haben. Es kann allerdings passieren, dass die Gruppe euch trotz allem nicht dabeihaben möchte. Vielleicht umfasst sie schon genügend Leute, oder ihre Mitglieder haben Angst vor dem Unbekannten. Lasst euch davon nicht entmutigen – und vor allem: Nichts hindert euch daran, eure eigene Gruppe zu gründen!

Wie kann man ohne Liebe leben?

Wenn ein Baby weint, Kinder sich fürchten, Jugendliche sich auflehnen oder Erwachsene sich Sorgen machen, geschieht das häufig aus Angst vor dem Verlassenwerden. Diese Angst entsteht, wenn man nicht genügend Liebe bekommt.

Manche Eltern können ihr Kind nicht richtig lieben, oder sie können es ihm nicht zeigen. Dieses Kind fühlt sich ungeliebt. Seine Seele wird dadurch verletzt, und es kann nicht fröhlich aufwachsen.

Wozu soll es groß werden, wenn es von niemandem beachtet und gemocht wird? Ein ungeliebtes Kind hat kein Selbstvertrauen und auch kein Vertrauen in andere und sucht doch zeitlebens danach, geliebt zu werden.

Manchmal jedoch gelingt es mit Geduld, Aufmerksamkeit und Zärtlichkeit, diesen Mangel an Liebe zu überwinden und an das Leben zu glauben, weil andere an einen glauben.

Aber weder Kinder noch Erwachsene kommen ganz ohne Liebe aus. Wenn wir geliebt werden, fühlen wir uns anerkannt und respektiert und können als vollwertige Menschen leben.

Wie wurden die Flaggen der einzelnen Länder erfunden?

Ob Banner, Fahne oder Standarte, egal in welchen Formen und Farben: Die Flaggen waren ursprünglich die zivilen oder militärischen Erkennungszeichen eines Stammes, eines Gutsherrn, einer Familie oder einer Stadt. Sie dienten als »Visitenkarte« und zeigten Besuchern, wer dort herrschte.

Früher wurden sie auch verwendet, um ein Sperrgebiet einzugrenzen, beispielsweise eine Stadt, in der eine Seuche ausgebrochen war. Schon sehr lange und auch heute noch kann man in der Seefahrt anhand der Farbe der Flaggen, die man am Mast hisst, anderen Schiffen über eine gewisse Entfernung etwas mitteilen. Sogar Piratenschiffe verkündeten auf diese Art, was sie im Schilde führten!

Als die modernen Staaten gegründet wurden, machte man aus den Standarten die Nationalflaggen. Jede Nation besitzt eine eigene, unverwechselbare Flagge. Die verwendeten Farben oder Muster haben meistens eine Bedeutung in der Geschichte des Landes.

Die Farben der deutschen Flagge zum Beispiel (Schwarz, Rot, Gold) gehen auf einen Ausspruch zurück, der aus den Befreiungskriegen gegen Napoleon stammt: »Aus der Schwärze der Knechtschaft durch blutige Schlachten ans goldene Licht der Freiheit«. Die ursprünglich verschiedenfarbigen Uniformen der Soldaten wurden schwarz gefärbt, erhielten rote Aufschläge und goldene Knöpfe.

Wie werden Kinder zu Soldaten?

In Kriegen werden überall auf der Welt Häuser, Schulen und ganze Dörfer zerstört, und seit 1990 sind darin fast zwei Millionen Kinder umgekommen. Sechs Millionen wurden verwundet oder verstümmelt, und mindestens eine Million Kinder sind Waisen geworden.

Heute werden in 44 Ländern insgesamt 300 000 Kindersoldaten zum Kämpfen gezwungen. Diese erschreckenden Zahlen wurden im Dezember 2004 von der UNICEF, dem Kinderhilfswerk der Vereinten Nationen, veröffentlicht.

Die meisten Kindersoldaten werden unter Drogen gesetzt, damit sie unempfindlich werden gegen Gewalt und Angst. Ob in Birma, Afrika, auf den Philippinen, in Lateinamerika oder auf Sri Lanka: Die Kindersoldaten werden häufig von Rebellengruppen rekrutiert, die gegen die amtierende Regierung kämpfen. Die Kinder stehen dabei an vorderster Front, die Maschinenpistole in der Hand. Manche sind kaum acht Jahre alt.

In Ruanda in Afrika kam es beispielsweise vor, dass Kinder gezwungen wurden, in ihrem eigenen Dorf Verbrechen zu begehen. Selbst Mädchen nehmen am bewaffneten Kampf teil. Sie werden aber auch von den erwachsenen Soldaten missbraucht.

Alle diese Kinder sind auf sich selbst gestellt, ohne Familie, ohne Haus, ohne Ausbildung, da sie die Schule verlassen mussten. Sie haben auch verlernt zu unterscheiden, was gut und was böse ist. Ihre Kindheit ist auf immer zerstört.

Zahlreiche Kinderschutzverbände verlangen von der UNO, der Organisation der Vereinten Nationen, alle Länder, die Kinder unter 18 Jahren als Soldaten einziehen, wegen Verbrechen gegen die Menschlichkeit anzuklagen.

Wie kann ein Blinder lesen?

Blinde lesen mit den Fingern. 1829 lernte Louis Braille die »Nachtschrift« kennen. Diese war Anfang des 19. Jahrhunderts vom Militär entwickelt worden, damit die Soldaten auch bei Dunkelheit Botschaften schreiben und lesen konnten. Das brachte Braille auf die Idee, eine Schrift für Blinde zu entwickeln. Er war selbst im Alter von drei Jahren erblindet und hatte eine Blindenschule besucht, an der er später unterrichtete.

Die Braille-Schrift besteht aus 64 verschiedenen Zeichen, die aus Punkten zusammengesetzt sind. Mit einem Prägestempel oder einer speziellen Schreibmaschine werden die Punkte in Papier gestanzt. Alle Buchstaben des Alphabets, die Satzzeichen, Zahlen, Rechenzeichen und sogar Noten lassen sich mit diesen Zeichen darstellen.

Gelesen wird ganz normal von links nach rechts. Dabei berührt man die erhöhten Punkte mit den Fingerspitzen. Durch Anordnen von bis zu sechs Punkten an unterschiedlichen Stellen eines gedachten Rechtecks (höchstens zwei Punkte in der Breite und drei Punkte in der Höhe) erhält man ein komplettes Lese- und Schreibsystem.

Die Braille-Schrift wurde für die meisten Sprachen angepasst, auch für das Chinesische. Es ist aber noch sehr viel Arbeit nötig, bis den Blinden endlich auch wie den Sehenden die gesamte Literatur zugänglich ist. Es gibt nämlich sehr viele Texte, die noch nicht in die Braille-Schrift übertragen wurden.

Das A wird beispielsweise durch einen Punkt links oben dargestellt, für das B wird unter diesem Punkt ein zweiter Punkt hinzugefügt.

Wie weiß der Hahn, wann er krähen muss?

Um die Hennen auf dem Hühnerhof zu beeindrucken, kräht der Hahn, sobald er aufwacht. Wir Menschen sollten uns aber besser nicht von ihm sagen lassen, wann es Zeit zum Aufstehen ist.

Als es noch keinen elektrischen Strom gab, richteten sich Menschen und Tiere auf einem Bauernhof nach der Sonne: Sie standen bei Sonnenaufgang auf und gingen bei Sonnenuntergang schlafen. Aus dieser Zeit stammen die Redensarten »Mit den Hühnern schlafen gehen« und »Beim ersten Hahnenschrei aufstehen«.

Sobald der Gockel seine Augen aufgeschlagen hat, eilt er auf das Dach des Hühnerstalls, um mit einem lauten Kikeriki jedem zu verkünden, dass er der Schönste und Stärkste ist! Jeder andere Hahn sollte sich davor hüten, einen Sporn (so nennt man den hornigen Fortsatz hinten am Fuß) in sein Revier zu setzen. Meist schlief der Hahn bis zum Morgengrauen. Dann wusste man früher, dass es Zeit war aufzustehen.

Leider konnte es auch vorkommen, dass der Gockel durch ein Geräusch geweckt wurde oder unter Schlaflosigkeit litt und mitten in der Nacht zu krähen anfing. Schließlich waren es die Bauern leid, immer wieder auf diesen Fehlalarm hereinzufallen. Seit ungefähr hundert Jahren vertrauen die Bauern doch lieber ihrem Wecker als dem Chef des Hühnerhofs. Eigentlich schade.

Danke Mädels!
Eine tolle Uhr!

Wie bittet man am besten um Verzeihung?

Peng!
Der Fußball ist im Fenster der Nachbarin gelandet. Äh! Nach einer solchen Dummheit möchte man sich am liebsten auf Zehenspitzen davonmachen, unsichtbar werden oder jemand anderen beschuldigen. »Ich war's nicht. Der war's …«

Niemand ist frei von Fehlern. Eine Ungeschicklichkeit ist entschuldbar, und man kann versuchen, die Schäden zu beheben. Lässt man es jedoch zu, dass jemand anders dafür bestraft wird, ist dies keine Dummheit mehr, sondern eine Ungerechtigkeit. Wie soll man jemanden um Verzeihung bitten, der zu Unrecht beschuldigt wurde? Das ist äußerst unangenehm. Es ist nicht einfach, Fehler einzugestehen. Schnell findet man eine Menge faule Ausreden, statt zuzugeben, dass man etwas angestellt hat.

Um Verzeihung zu bitten erfordert Mut und Ehrlichkeit. Man sollte einfache Worte wählen, um auszudrücken, dass man bedauert, was geschehen ist. Das ist viel besser als großartige Reden. Es kommt darauf an, dass man sich für seine Taten verantwortlich fühlt und den guten Willen beweist, die Wahrheit zu sagen.

Wichtig ist, sich mit demjenigen zu versöhnen, den man gekränkt hat. Nur so entsteht wieder Vertrauen. Wenn man sich bei jemandem für eine dumme Sache entschuldigt, bedeutet das immer auch, dass man verspricht, so etwas nicht mehr zu tun.

Wie können wir wissen, was nach dem Tod kommt?

Seit Jahrtausenden fürchten sich die Menschen vor dem Unbekannten. Deshalb versuchen sie alles zu erklären, was sie nicht verstehen, zum Beispiel den Übergang vom Leben zum Tod.

Schon früh fragten sie sich, ob ein wichtiger Teil des Menschen nach dem Tod weiterlebt. Die einen nannten diesen Teil Seele, die anderen Geist oder auch Lebensatem. Sie stellten sich vor, dass er im Gegensatz zum Körper mit dem Tod nicht stirbt. Leben die Toten einfach ein anderes Leben? Können sie mit uns in Verbindung treten? Haben sie einen Einfluss auf die Welt der Lebenden?

In vielen Völkern stellte man sich vor, dass es einen Ort im Himmel oder unter der Erde gab, an dem sich alle Toten trafen. Dort würden sie weiterexistieren und den Lebenden hin und wieder ein Zeichen geben.

In Afrika glaubt man, dass die Toten neben uns leben. Sie sehen und schützen uns und rächen sich, wenn wir sie vergessen. Bei den Hindus hieß es, die Toten würden so lange in neuer Gestalt – als Mensch, Tier oder Pflanze – wiedergeboren, bis sie den Zustand der Vollkommenheit erreicht hätten.

Die Anhänger aller Religionen – ob des Buddhismus, des jüdischen, christlichen, moslemischen, hinduistischen oder animistischen Glaubens – hoffen, dass das Leben nicht mit dem Tod endet. Sie stellen sich vor, dass man zu einem neuen, schöneren Leben in der Nähe Gottes übergeht, wenn man stirbt. Das können wir allerdings nur hoffen, wissen werden wir es nie.

Wie kann ich mich vor der Schule drücken?

Jedes deutsche Kind muss mindestens neun Jahre lang die Schule besuchen, daran gibt es nichts zu rütteln. Bauchschmerzen am Tag einer Klausur nützen da auch nichts, denn früher oder später müsst ihr wieder zur Schule gehen und die Prüfung nachholen.

Die ersten bekannten Schulen gab es vor mehr als 4000 Jahren vor Christi Geburt. Der Mensch wünscht sich also schon sehr lange, sein Wissen weiterzugeben In Deutschland dauerte es bis ins 18. beziehungsweise 19. Jahrhundert, bis die allgemeine Schulpflicht eingefüh wurde (1717 in Preußen, 1802 in Bayern Damit erhielt jeder das Recht auf Bildung, ganz egal, ob er arm oder reich, adlig oder von einfacher Herkunft war.

In einer staatlichen Schule, deren Besuch nichts kostet, darf den Kindern keine bestimmte Denkrichtung aufgezwungen werden. Die Schule soll dazu anleiten, frei zusammenzuleben, unsere Meinungen auszutauschen und selbstständig zu denken.

Es mag schon seltsam erscheinen, wenn jemand so wild aufs Lernen ist, dass er geradezu in die Schule rennt. Aber es ist auch nicht normal, die Schule so zu hassen, dass man am liebsten keinen Fuß hineinsetzen möchte. Diese Ablehnung hat als tiefere Ursache zum Beispiel die Angst, zu versagen oder der Schlechteste zu sein. Vielleicht auch die Angst davor, gehänselt oder beleidigt zu werden, wenn man etwas nicht versteht, oder die Angst, auf dem Schulhof Prügel zu bekommen.

Welche Gründe es auch sein mögen, ihr solltet eine Lösung finden. Abhauen ist jedenfalls kein Weg. Solltet ihr tatsächlich Angst vor der Schule haben, sprecht mit euren Eltern oder einem Lehrer, dem ihr vertraut. So findet ihr sicher jemanden, der euch hilft.

Wie kann ein Glühwürmchen leuchten?

Wir Menschen mussten immer auf eine künstliche Lichtquelle zurückgreifen, um uns nachts orientieren zu können. Anfangs war es das Feuer, später der elektrische Strom. In Sachen Beleuchtung gibt es allerdings ein Tierchen, das uns haushoch überlegen ist: das Glühwürmchen.

Das Glühwürmchen ist ein Insekt aus der Familie der Leuchtkäfer. Diese Tierchen verfügen unten am Bauch über Drüsen, die leuchten können.

Zu bestimmten Zeiten in der Nacht, insbesondere im Sommer während der Paarungszeit, sendet das Glühwürmchen einen Stoff aus, der als »Luciferin« bezeichnet wird. In Verbindung mit Sauerstoff erzeugt er einen Leuchtstreifen. Frau Glühwürmchen, die nicht fliegen kann, zeigt dem umherfliegenden Herrn Glühwürmchen, dass sie in der Nähe ist, indem sie zeitweilig ihre Beleuchtung anstellt. So gelingt es dem Paar, sich zu finden.

In Südasien treffen sich bestimmte Leuchtkäfer zu tausenden in den Bäumen und blinken im Chor unter der Leitung eines »Dirigenten«.

Wie finde ich neue Freunde?

Eine neue Schule, ein neues Wohnviertel, eine neue Gegend – ihr werdet, ohne es zu wollen, in eine unbekannte Welt versetzt. Dort kennt euch niemand, und ihr fühlt euch ziemlich verlassen. Auch wenn eure Eltern euch beruhigen und immer wieder sagen, ihr würdet sicher bald neue Freunde finden, habt ihr doch Angst, von nun an immer allein zu bleiben.

Aber es vergeht kaum ein Tag, an dem man nicht jemandem zum ersten Mal »Guten Tag« sagt. Und dieses »Guten Tag« ist der Beginn einer neuen Bekanntschaft.

Es reicht aber nicht immer, den ersten Schritt zu tun. Um sich mit jemandem anzufreunden, muss man ihm näherkommen. Das braucht Zeit und verlangt Aufmerksamkeit. Man muss sich für den Freund verantwortlich fühlen. Gibt es denn nun ein Patentrezept, wie man Freunde finden kann?

Das Grüßen ist seit Urzeiten und in allen Kulturen ein Friedenszeichen. Früher musste immer der Ankömmling zuerst grüßen, um zu zeigen, dass er als Freund und nicht als Eroberer gekommen war.

Nein. Freundschaft entsteht, wenn ihr mit jemandem kleine Erlebnisse tei[l]t, euch mit ihm verbündet, aber auch nachsichtig seid, denn es gibt keine perfekten Freunde.

Der bekannte Schriftsteller Montaigne wurde einmal gefragt, warum er sich einen bestimmten Menschen als Freund erwählt hatte. Darauf antwortete er: »Weil er ist, wie er ist, und weil ich bin, wie ich bin …« Das beschreibt doch genau das Geheimnis einer Freundschaft, oder?

Wie findet ein Tierarzt heraus, was einem Tier fehlt?

Außer in Märchen hört man selten, dass ein Schaf oder ein Löwe spricht, auch nicht über seine Halsschmerzen oder sein Rheuma. Müssten Tierärzte demnach vor allem die Sprache der Tiere beherrschen?

Nicht wirklich, aber durch ihr langjähriges Studium haben sie gelernt, wie der Körper von Tieren aufgebaut ist und funktioniert. Sie wissen auch, wie sich Krankheiten bei Tieren äußern.

Bei deutlich sichtbaren Beschwerden, beispielsweise wenn ein Tier sich einen Dorn in die Pfote gezogen hat und hinkt, ist der Befund einfach. Manchmal sind die Ursachen einer Krankheit aber komplizierter, und der Tierarzt muss länger nachforschen.

Er fragt den Besitzer, wie das Tier sich gewöhnlich verhält und was sich an seinem Verhalten geändert hat. Frisst es mit demselben Appetit wie immer? Ist es nervös? Aggressiv? Oder zieht es sich im Gegenteil in einen stillen Winkel zurück?

Alle diese Anzeichen, die sogenannten Symptome, sind wichtige Hinweise für den Tierarzt. Mit komplizierten Geräten und Techniken wie einem Röntgenapparat oder Ultraschall nimmt er dann weitere Untersuchungen vor. So kann er auch herausfinden, was unseren tierischen Freunden fehlt, wenn man ihnen äußerlich kaum etwas anmerkt.

Wie kann ich einem Schokoladentörtchen widerstehen?

Naschhaftigkeit ist nicht weiter schlimm, solange sie nicht zu Übergewicht führt oder andere gesundheitliche Probleme verursacht. Das Schwierigste ist tatsächlich, nicht zu übertreiben und zu viel Kuchen, zu viele Bonbons, zu viel Zucker zu vermeiden. Denn Vorsicht – zu viel ist ungesund! Das wussten schon die alten Griechen: »Für alle richtig ist die goldene Mitte. Nicht zu viel und nicht zu wenig!«

Zurück zu dem Schokoladentörtchen: Niemand zwingt euch, an der Konditorei vorbeizukommen. Macht einfach einen kleinen Umweg, oder wechselt auf die andere Straßenseite. Es nützt auch, tief durchzuatmen oder an etwas anderes zu denken, um nicht in Versuchung zu geraten.

Aber warum müssen wir unseren Gelüsten überhaupt nachgeben und uns mit einer Süßspeise den Magen füllen? Haben wir nicht genügend gegessen, oder wollen wir uns bloß das Leben etwas versüßen?

Die Ärzte wissen inzwischen, dass der Zucker, den unser Organismus aus Süßigkeiten oder Gebäck zieht, wie ein Treibstoff für unser Gehirn wirkt.

In Momenten, in denen wir Stress haben, verlangt unser Gehirn nach Zucker. Er putscht uns auf und beruhigt uns zugleich. Wahrscheinlich kommt daher diese übermäßige Lust auf Kuchen! Wenn uns diese kleine Freude, die uns das Schokoladentörtchen bereitet, also tröstet, warum sollen wir ihm dann eigentlich widerstehen?

Iss uns!
Iss uns!
Iss uns!
Iss uns!
Iss uns!
PATISS

Wie entsteht ein Regenbogen?

Früher erzählte man, der Regenbogen sei eine Brücke, um von der Erde in den Himmel aufzusteigen, wo die Götter wohnten.

Heute weiß man, dass der Regenbogen eine Naturerscheinung ist. Wir können ihn immer dann beobachten, wenn es regnet und gleichzeitig die Sonne scheint.

Auf den ersten Blick erscheint das Sonnenlicht weiß. Aber da gibt es ein kleines Problem: Die Farbe Weiß kommt in der Natur überhaupt nicht vor! Sie entsteht, wenn die Farben Rot, Orange, Gelb, Grün, Blau, Indigo und Violett sich vermischen.

Fällt ein Sonnenstrahl auf einen Wassertropfen, bricht dieser Tropfen das weiße Sonnenlicht und macht die sieben Farben sichtbar, aus denen es besteht.

Weil die Wassertropfen rund sind, erzeugt jeder von ihnen einen kreisförmigen farbigen Schein, woraus der bekannte Regenbogen gebildet wird. Eigentlich setzt er sich aus so vielen sich gegenseitig überlagernden Mini-Regenbögen zusammen, wie Wassertropfen vorhanden sind.

Heißt das, dass ein Regenbogen eigentlich kreisförmig ist und damit so rund wie ein Wassertropfen? Ja, so ist das, aber von der Erde aus können wir immer nur die Hälfte dieses Kreises sehen. Vom Flugzeug aus wäre der ganze Kreis zu erkennen.

Wie entwickelt sich die Menschheit?

Das Komische an der Entwicklung (Evolution) ist, dass sie sich selbst ständig weiterentwickelt. Alles verändert sich und ist in Bewegung. Vor 15 Milliarden Jahren hat der Urknall das Universum hervorgebracht. Wissenschaftler haben festgestellt, dass sich die Entwicklung seit dieser großen Explosion bis zur Entstehung der Lebewesen immer von der einfachsten zur kompliziertesten Form vollzogen hat.

Anfangs wurde das Universum aus ersten Materieteilchen gebildet, dann entwickelten sich Atome und Moleküle und später die ersten lebendigen Zellen.

Die Evolution setzte sich mit Lebewesen fort, die aus mehr als einer Zelle bestehen, und so ging es immer weiter, bis der erste Mensch geboren war. Menschen bestehen aus tausenden von Zellen und besitzen ein hochentwickeltes und sehr kompliziertes Gehirn.

Seit die Neandertaler etwa 40 000 Jahre vor Christi Geburt in Europa auftauchten, hat der menschliche Körper sich nur noch wenig weiterentwickelt. In ihrer äußeren Gestalt und Form sind sich die Menschen von da an ziemlich gleich geblieben.

Trotzdem entwickelt der Mensch sich weiter, indem er sich neue Techniken aneignet und zusätzliches Wissen erwirbt. So musste man zum Beispiel erst lernen, das Feuer zu beherrschen, und Jahrtausende später hat man sogar neue Planeten entdeckt. Bedeutet mehr Wissen und mehr Können nicht auch mehr Freiheit? Wir wollen wetten, dass die Menschheit von morgen, wenn sie endlich aufhört, sich selbst zu zerstören, wirklich schöne Zeiten vor sich hat!

Wie sage ich meinen Eltern, dass ich Angst habe, wenn sie mich anschreien?

Jemanden anzuschreien, ob das nun berechtigt ist oder nicht, ist immer verletzend und löst kein Problem. Mit Lautstärke kann man niemanden überzeugen, und man bekommt dadurch auch nicht mehr Anerkennung.

Eltern schreien ihre Kinder manchmal an, weil sie fürchten, dass den Kindern etwas zustößt oder sie es zu nichts bringen. Das passiert ganz plötzlich und unkontrolliert. Eltern müssen mit ihrem eigenen Stress in der Arbeit, mit Geldsorgen oder gesundheitlichen Problemen fertig werden. Da kann es vorkommen, dass sie zu schreien anfangen, weil ihre Angst um die Kinder sie überfordert.

Hat der Stress sich erst einmal Luft gemacht, beruhigt sich alles wieder. Das ist ähnlich wie nach einem Unwetter. Aber auch wenn das Schreien die Eltern erleichtert und ihr diese Reaktion versteht, müsst ihr doch unter den unangenehmen Folgen leiden.

Was auch immer eure Eltern für Gründe haben, euch anzuschreien – erklärt ihnen, was ihr dabei empfindet, damit sie sich das nicht angewöhnen. Sicher werden sie eure Bitte beachten.

Falls jedoch kein Gespräch mit ihnen möglich zu sein scheint und ihr euch durch das Geschrei verletzt fühlt, dann solltet ihr euch außerhalb der Familie Hilfe holen.

Wie können wir den Ärmsten helfen?

Ihr haltet es heutzutage einfach für unmöglich, gleichgültig gegenüber dem Unrecht zu bleiben, das in der Welt, vielleicht sogar in eurem Wohnviertel oder in eurer Stadt geschieht. Ihr möchtet die Ärmel hochkrempeln und nicht tatenlos zusehen, wie andere leiden.

Aber ihr wisst nicht, wie ihr ihnen helfen könnt, ohne sie zu kränken oder zu verurteilen. Das ist auch wirklich nicht leicht, denn diese Menschen leiden nicht nur unter der Armut, die mit den Kosten für Wohnung, Kleidung und Essen oder mit der Arbeitslosigkeit zusammenhängt. Oft haben sie auch jede Hoffnung verloren.

Wir können ihnen schon etwas Gutes tun, indem wir ihnen anders begegnen. Um ihre Geldsorgen zu verringern, werdet ihr sicher spontane Ideen haben und diese auch in die Tat umsetzen.

Das Wichtigste aber ist, dass ihr euch den anderen gegenüber so verhaltet, wie ihr es für euch selbst wünscht: mit Respekt.

Wie wird ein gebrochener Knochen wieder heil?

Unser Skelett mit seinen sage und schreibe 214 verschiedenen Knochen ist wie ein Gerüst: Es ermöglicht es uns, uns aufrecht zu halten und fortzubewegen. Alle diese Knochen, ob kurz, lang oder flach, sind von Gewebe überzogen. Dieses besteht zum großen Teil aus Mineralsalzen, welche dafür sorgen, dass die Knochen hart sind und hart bleiben.

Unser ganzes Leben lang wird dieses Gewebe abgebaut, wobei Kalzium aus den Knochen ins Blut abgegeben wird. Dank der Mineralsalze, die es aus dem Blut aufnimmt, stellt es sich aber wieder her.

Nun kommt es vor, dass bei einem unglücklichen Sturz oder Unfall einer oder mehrere Knochen brechen. Der Arzt kann im Röntgenbild erkennen, wie groß der Schaden ist und wie er am besten behandelt wird. Meist ist es ein glatter Bruch, für den eine einfache Ruhigstellung durch einen Gipsverband oder eine Schiene während einiger Wochen ausreicht.

Wenn vom Knochen allerdings etwas abgesplittert ist oder sich verschoben hat, muss operiert werden. Platten und Schrauben werden eingesetzt, um alles wieder zurechtzurücken, bevor ein Gipsverband angelegt werden kann.

Der Gips an sich heilt den Bruch natürlich nicht. Er wird angelegt, um schmerzhafte Bewegungen zu verhindern und die Heilung zu fördern. Während der Knochen ruhiggestellt ist, wird das Knochengewebe schneller erneuert als sonst. Und dieses neue Gewebe fügt die Teile wieder zusammen, ähnlich wie ein Leim.

Der Knochen

Wie soll ich meinen Freunden sagen, dass ich Fußball hasse?

Viele Jungs in eurer Klasse tragen ein Trikot mit einer Rückennummer und träumen davon, ein Fußballstar zu werden. Viele Mädchen sind hingegen verrückt nach einer bestimmten Fernsehsendung und malen sich eine Karriere als Sängerin aus.

Nur ihr seid Jungen oder Mädchen, die damit nichts am Hut haben. Seid ihr deshalb uncool oder dumm? Oder anders gefragt: Darf man eigentlich auch anders sein?

Ja natürlich! Ihr solltet aber die anderen nicht ständig wegen ihrer Leidenschaft kritisieren, nur weil ihr sie nicht teilt. Wer sich als etwas Besseres fühlt und über die Begeisterung der anderen lästert, schließt sich letztlich selbst aus.

Es ist sehr schwierig, aber auch sehr wichtig, unterschiedlichen Geschmack und unterschiedliche Vorlieben zu akzeptieren und nicht zu verurteilen.

Wenn ihr den Geschmack der Mehrheit nicht teilt, sagt ganz friedlich und ohne überheblich zu sein, dass euch andere Hobbys lieber sind. Damit könnt ihr das Interesse eures Gegenübers an euch wecken.

Übrigens heißt es nicht, dass ihr mit euren Schulkameraden überhaupt keine Gemeinsamkeiten habt, nur weil ihr Fußball oder Popmusik nicht leiden könnt. Es gibt sicher andere Themen, bei denen ihr euch einig seid. Zum Glück kann man sich auch verstehen und mögen, wenn man nicht alles gemeinsam macht!

Wie gelingt es den Zugvögeln, ihren Weg zu finden?

Jedes Jahr im Frühling kommen die Schwalben zurück, um eine neue Familie zu gründen. Wisst ihr aber auch, dass sie das Nest wiederfinden, das sie im Vorjahr gebaut haben? Nicht das ihrer Cousine oder Nachbarin. Nein, sie finden wirklich ihr eigenes Nest wieder!

Von den ungefähr 9000 bekannten Vogelarten fliegt ungefähr die Hälfte beim Jahreszeitenwechsel in andere Länder, weil sie sonst nichts mehr zu fressen findet – und das nicht erst seit gestern. Nach vielen Beobachtungen sind die Fachleute davon überzeugt, dass es Zugvögel schon seit der letzten Eiszeit gibt.

Vor über 15 000 Jahren wurde Europa nämlich von einer Eisschicht bedeckt. Alle Lebewesen waren gezwungen, nach Süden zu ziehen. Als sich das Klima wieder erwärmte, behielten die Vögel die Angewohnheit bei, zwischen Afrika und Europa zu pendeln.

Bisher wissen die Fachleute nicht genau, wie die Zugvögel ihren Weg finden. Es ist allerdings ziemlich wahrscheinlich, dass sie sich gleichzeitig oder abwechselnd an der Stellung der Sonne oder an den Sternen orientieren.

Sie prägen sich aber auch das Gelände ein, das sie überfliegen – als würden sie es fotografieren. Wenn sie zurückkehren, erkennen sie dann die Landschaftsformen, Hügel, Ebenen und Flüsse wieder. Auch an Gerüche können sie sich erinnern, was ihnen ebenfalls dabei hilft, ihren Weg zu finden. Außerdem verfügen sie über einen inneren Kompass: Sie spüren, wenn das Magnetfeld der Erde sich verändert.

Doch wie es einem Vogel wie dem Steinschmätzer gelingt, fast 34 000 Kilometer pro Jahr zwischen Alaska und Südafrika zurückzulegen, ohne sich je zu verirren, bleibt ein Rätsel.

Wie kann man einen Fehler zugeben, ohne zu petzen?

Ein Wassereimer ist über der Klassenzimmertür angebracht, der Lehrer betritt die Klasse und platsch! Patschnass steht er da und wird wütend. Als er sagt, der Schuldige solle sich melden, herrscht Totenstille. Daraufhin werden alle bestraft. Was soll man da tun?

Wenn ihr euch die Sache mit dem Wassereimer allein ausgedacht habt, müsst ihr eure Angst überwinden und diesen Fehler eingestehen. Denn sonst werden Mitschüler bestraft, die gar nichts dafürkönnen. Habt ihr den Streich gemeinsam mit anderen geplant, solltet ihr eure Komplizen davon überzeugen, dass ihr gemeinsam zum Lehrer geht, um euch zu entschuldigen.

Wenn ihr wisst, wer diese Tat begangen hat, und selbst nichts unternommen habt, um sie zu verhindern, trifft euch die Strafe zu Recht. Dann seid ihr nämlich mitverantwortlich für das, was passiert ist. Letzte Möglichkeit: Ihr seid klar dagegen gewesen und wolltet den Lehrer eigentlich warnen, damit er durch die andere Tür hereinkommt. Aber dann hättet ihr als Streber gegolten, und das wolltet ihr vermeiden.

Petzen ist nur gerechtfertigt, wenn es darum geht, eine Gefahr oder schwere Ungerechtigkeit abzuwenden. Wenn ihr Zeuge oder Opfer einer Erpressung oder eines Überfalls werdet, dürft ihr nicht zögern, dies euren Lehrern zu erzählen.

Jemanden zu verpetzen, um selbst gut dazustehen, oder jemand anderem einen eigenen Fehler unterzuschieben ist unwürdig und zu verachten. Selbst wenn man Angst vor einer Strafe hat, wird man bei gründlichem Nachdenken eine bessere Lösung als das Petzen finden.

Wie wurden Medikamente entdeckt?

Oft haben die Menschen zufällig die Heilkraft der Pflanzen in ihrer Umgebung entdeckt: Zahnbeschwerden verschwanden durch Gewürznelken, Schmerzen waren durch Mohnblüten wie weggeblasen … Natürlich gab es dabei auch einige Unfälle: Der erste Mensch, der den Schierling (eine sehr giftige Pflanze aus der Familie der Petersilie, deren Verzehr sofort zum Tod führt) probierte, konnte über dessen Wirkung leider nichts mehr erzählen.

Die Heilmittel wurden also gefunden, indem man ständig neue Versuche anstellte, die mal mehr, mal weniger erfolgreich waren. Während langer Zeit waren die Rezepte dieser Arzneien nur wenigen Eingeweihten wie Priestern, Druiden, Zauberern oder Heilern bekannt. Weitergegeben wurden sie nur untereinander.

Im 19. Jahrhundert machte man riesige Fortschritte in der Chemie. Zu dieser Zeit fing man auch an, den Pflanzen, Mineralien und sogar Tieren ihre wirksamen Bestandteile zu entziehen und sie miteinander zu kombinieren. So entstanden die ersten Medikamente.

Heute ist es dank dem Fortschritt auf dem Gebiet der Technik möglich, künstlich herzustellen, was die Natur auf natürlichem Weg hervorbringt. Aber auch neue chemische Verbindungen werden erfunden, die noch wirksamer und preiswerter sind.

Trotz aller wissenschaftlichen Fortschritte verwenden in vielen Ländern Asiens, Afrikas oder Südamerikas die meisten Menschen weiterhin ihre althergebrachten Heilkräuter und Balsame. Diese dienen dazu, den Körper zu stärken, um ihn vor Krankheit zu schützen. Wäre es nicht ideal, beide Verfahren zu verbinden? Ein gesunder Lebensstil, um Krankheiten vorzubeugen, und Medikamente, um Krankheiten zu heilen?

Wie lernt man zu gehorchen?

»Tu dies nicht!«, »Tu das nicht!« Oh je! Überall hören wir die Befehle der Eltern, Lehrer oder anderer Aufsichtspersonen. Diese Art zu zeigen, wer hier der Chef ist, ist einfach nicht auszuhalten! Wie soll man also gehorchen, ohne die Zähne aufeinanderbeißen zu müssen oder zu protestieren? Auf diese Frage gibt es nur eine Antwort: Man muss verstehen, warum Befehle erteilt werden.

Ein Lehrer ist nicht deswegen beliebt, weil er groß und stark ist, sondern vor allem, weil er gerecht ist. Er schließt mit seiner Klasse eine Art Vertrag, an den sich alle halten und der dazu verpflichtet, sich gegenseitig zu respektieren. Ist ein Lehrer hingegen ungerecht, straft er ohne Grund und zwingt den Schülern Regeln auf, ohne Diskussionen zuzulassen. Bald fällt es allen sehr schwer, ihm gehorchen zu müssen.

Befehle lassen sich nur dann ertragen, wenn sie begründet und für alle gut sind. Man darf daher den Gehorsam verweigern, wenn man etwas als ungerecht empfindet. Aber Vorsicht! Das bedeutet nicht, dass man immer alles in Frage stellen soll, was von einem verlangt wird, denn das wäre unverschämt.

Das Leben in einer Gemeinschaft braucht Regeln, an die sich alle halten müssen. Sie sichern allen die gleichen Rechte zu und sollen bewirken, dass jeder Einzelne den anderen achtet. Daher befolgen wir diese Gesetze zum großen Teil, ohne überhaupt darüber nachzudenken.

In der Geschichte hat es jedoch immer wieder Tyrannen gegeben, die anderen Gesetze aufzwangen, welche nur ihren eigenen Interessen dienten. Leider haben die Menschen in ihrer Macht meist keine andere Wahl, als sich zu beugen. Dieser Machtmissbrauch ist es aber, der Krieg und Hass entstehen lässt.

Du gehst jetzt...
Darf ich gleich mal unterbrechen...
Ich bin dagegen!

Wie sind die Aprilscherze entstanden?

Über den Ursprung der Aprilscherze wird Verschiedenes erzählt, aber eines ist klar: Der 1. April ist der Tag für Streiche und Schabernack!

Bis 1563 begann das Jahr an Ostern. Dieses christliche Fest, bei dem der Auferstehung Christi gedacht wird, war durch den Kirchenkalender festgelegt. Der französische König Karl IX. jedoch beschloss, dies ab dem Zeitpunkt seiner Thronbesteigung im Jahr 1564 zu ändern: Von da an begann das neue Jahr am 1. Januar.

Aufgrund dieser Kalenderreform verschenkte man Neujahrsgeschenke nicht mehr an Ostern, sondern Ende Dezember. Um für Verwirrung zu sorgen, überbrachten einige Witzbolde ihre Neujahrsgeschenke jedoch trotzdem am Ostertag, der damals auf den 1. April fiel! Mit den Jahren verwandelten sich die Aprilgeschenke in Geschenke »zum Lachen«, und schließlich entstanden allerlei Streiche daraus.

In Frankreich und Italien spricht man vom »Aprilfisch«, angeblich, weil die Sonne im April das Sternzeichen der Fische verlässt.

Andere sehen darin eher eine Verbindung zur Leidensgeschichte von Jesus, dessen Name auf Griechisch »Fisch« bedeutet. Da man andere an diesem Tag »in den April schickt«, hört man auch die Ansicht, der Aprilfisch solle daran erinnern, wie Jesus von Pontius zu Pilatus geschickt wurde.

Schließlich lässt sich eine weitere Erklärung im Ende der Fastenzeit finden, während der kein Fleisch, sondern nur Fische verzehrt werden durften. Einer der ersten Streiche bestand übrigens darin, unechte Fische zu verschenken …

Wie bleibt uns etwas in Erinnerung?

Stellt euch das Gehirn als ein riesiges Netz aus Kabeln und Schaltungen vor, die von Nerven gebildet werden, ähnlich wie ein Stromkreis mit vielen Drähten. Diese Nervenleitungen bestehen aus Millionen von Zellen, den Neuronen, die miteinander durch kleine Abzweigungen, die Synapsen, verbunden sind.

Jedes Mal, wenn wir etwas lernen, wird die Information von den Synapsen und Neuronen in unser Nervensystem eingespeist. Wiederholt man eine Lektion, wird die Information auf demselben Weg weitergeleitet.

Nach hundert Wiederholungen ist der Weg zwischen den Neuronen und den Synapsen so gut angelegt, dass wir die Lektion auswendig beherrschen. Sie ist in unserem Gedächtnis abgespeichert. Aber wie lange bleibt sie dort abrufbereit?

Das Geräusch einer schlagenden Tür beispielsweise bleibt nur eine Tausendstelsekunde in unserem Gedächtnis. Die Erinnerung an ein Gesicht, das sich uns auf der Straße eingeprägt hat, behalten wir etwas länger im Gedächtnis, ungefähr ein paar Sekunden. Wenn wir uns nicht anstrengen, uns dieses Gesicht wieder vorzustellen, vergessen wir es.

Hingegen bleibt alles, was wir wirklich gelernt haben – Worte, Gesten, die bedeutsamsten Ereignisse unseres Lebens sowie Gesichter und Landschaften, die wir lieben, und überhaupt alles, was für uns von Bedeutung ist – für unbegrenzte Zeit in unserem Gedächtnis haften.

Aus diesem Grund haben Geschwister, die dasselbe erlebt haben, trotzdem nicht dieselben Erinnerungen. Jeder behält das im Gedächtnis, was für ihn persönlich wichtig war.

Thematisches Inhaltsverzeichnis

Kunst

Technik und Forschung

Tiere

Körper und Geist

Zusammenleben

Dies und das

Das Leben

Gefühle